Não venda produtos, produtos, VENDA RESULTADO!

CARO(A) LEITOR(A),

Queremos saber sua opinião sobre nossos livros.
Após a leitura, siga-nos no **linkedin.com/company/editora-gente**,
no TikTok **@editoragente** e no Instagram **@editoragente** e
visite-nos no site **www.editoragente.com.br**.
Cadastre-se e contribua com sugestões, críticas ou elogios.

MOISÉS RAMOS

Não venda produtos, VENDA RESULTADO!

GENTE
editora

Diretora
Rosely Boschini

Gerente Editorial Sênior
Rosângela de Araujo Pinheiro Barbosa

Editora Júnior
Rafaella Carrilho

Assistente Editorial
Fernanda Costa

Produção Gráfica
Fábio Esteves

Preparação
Gleice Couto

Capa, Projeto Gráfico e Diagramação
Renata Zucchini

Revisão
Wélida Muniz
Carlos César da Silva

Impressão
Gráfica Bartira

Rua Natingui, 379 – Vila Madalena
São Paulo, SP – CEP 05443-000
Telefone: (11) 3670-2500
Site: www.editoragente.com.br
E-mail: gente@editoragente.com.br

Dados Internacionais de Catalogação na Publicação (CIP)
Angélica Ilacqua CRB-8/7057

Ramos, Moisés
    Não venda produtos, venda resultado! : como fortalecer sua marca, alcançar a alta performance em vendas e marketing e impulsionar seus lucros / Moisés Ramos. -- São Paulo : Editora Gente, 2024.
    192 p.

ISBN 978-65-5544-436-0

1. Vendas 2. Marketing 3. Marketing digital I. Título

23-6644   CDD 658.8

Índices para catálogo sistemático:
1. Vendas - Marketing

NOTA DA PUBLISHER

Adaptar-se à era digital talvez seja sinônimo de desafio para muitos empreendedores. A velocidade das mudanças tecnológicas e as demandas crescentes do mercado assustam até os mais experientes e saber navegar nesse mar de novas possibilidades pode ser uma jornada complexa e desafiadora.

É nesse contexto que Moisés Ramos se destaca como um verdadeiro guia na transformação digital. Ao longo dos seus mais de vinte anos de experiência, tanto como estrategista quanto como mentor, o autor desenvolveu um conjunto de habilidades que se tornaram cruciais no mundo digital – e que já ajudaram mais de 30 mil pessoas a duplicarem seu faturamento! – e agora ele está comprometido em passar adiante esse valioso conhecimento. Com sua expertise consolidada em marketing, vendas e posicionamento, ele compartilha as melhores estratégias para posicionar sua marca de maneira eficaz.

Em *Não venda produtos, venda resultado!*, você acessará insights poderosos e estratégias testadas para maximizar o valor do que oferece ao mercado diretamente de quem entende sobre o assunto. Afinal, como Moisés diz, preço é diferente de valor! Aqui, você terá a oportunidade de descobrir como transformar as redes sociais em verdadeiras aliadas e aprenderá a construir uma relação sólida e duradoura com os seus clientes.

Se você busca não apenas sobreviver, mas prosperar nesse ambiente dinâmico, este é o livro certo para você. Boa leitura!

Rosely Boschini – CEO e Publisher da Editora Gente

DEDICATÓRIA

Dedico este livro à base sólida e calorosa que é minha família. A compreensão, a educação e a disciplina que me transmitiram foram os alicerces que me permitiram trilhar o caminho até aqui.

Um especial reconhecimento à minha amada esposa, Elisangela Oliveira, cujo apoio incansável e presença constante moldaram cada página deste livro. Sua dedicação é o farol que guia meu caminho, inspirando-me a cada passo dado.

Aos visionários, empreendedores, empresários, profissionais liberais e autônomos, e a todos os brasileiros que, enfrentando adversidades e desafios, persistem diariamente. Vocês são a força motriz que impulsiona a nossa economia, desafiando os obstáculos, pagando salários, contribuindo com impostos e superando todas as dificuldades sem desistir.

Que este livro seja uma homenagem singela àqueles que moldaram meu caminho e um tributo aos corações resilientes que impulsionam o progresso, mesmo diante das tempestades.

AGRADECIMENTOS

Escrever um livro foi um desafio que definiu uma das mais marcantes jornadas da minha vida como empresário. No entanto, foi também a mais recompensadora. Reconhecer que este livro terá o poder de alcançar milhares de pessoas simultaneamente enche meu coração de gratidão, e é com profundo apreço que desejo expressar isso a todos que estiveram ao meu lado durante esta trajetória significativa.

Primeiramente, agradeço a Deus, cujo amor foi manifestado de maneira suprema ao dar seu único filho para que todo aquele que nEle crê não pereça, mas tenha a vida eterna.[1]

À minha amada Elisangela, meu pilar e fonte inesgotável de apoio, estímulo e alegria. Sua presença enriquece e ilumina cada dia da minha vida.

Aos meus pais, alicerce essencial que moldou tudo o que sou hoje, sou grato por seu constante amor e suporte.

Aos colaboradores das nossas empresas, cuja dedicação e comprometimento foram fundamentais para levar adiante a missão de impactar a vida dos empresários que passam por nossas mãos.

Aos meus mentores, verdadeiros guias nesta jornada, que me ajudaram a alcançar este momento tão especial.

[1] JOÃO 3:16

Um agradecimento especial ao Geraldo Rufino, meu mentor nos negócios e na vida, que, além de escrever o prefácio deste livro, se tornou um amigo querido.

Aos meus alunos e mentorados, cuja confiança em meu trabalho resultou em conquistas extraordinárias e em parcerias valiosas para ambos os lados.

Aos amigos com os quais o mundo dos negócios me presenteou, cada conexão se tornou um marco significativo nesta jornada.

À Rosely Boschini e à equipe da Editora Gente, cuja dedicação foi fundamental para tirar esta obra do papel, e à Sissa Zoe, pelo auxílio valioso na concepção do projeto.

A todos vocês, leitores, minha mais profunda gratidão.

Este livro é fruto não apenas do meu esforço, mas também da contribuição e apoio inestimáveis de cada um de vocês.

Obrigado por fazerem parte desta história.

> **ESTE LIVRO É FRUTO NÃO APENAS DO MEU ESFORÇO, MAS TAMBÉM DA CONTRIBUIÇÃO E APOIO INESTIMÁVEIS DE CADA UM DE VOCÊS.**

@moisesramos.me

PREFÁCIO

Olá, pessoas!

Para quem não me conhece, sou um pouquinho do que você vai encontrar aqui neste livro. Mas, acima de tudo, sou um pouquinho do autor deste livro, da pessoa que fez o livro, da energia dessa pessoa.

Na realidade, neste prefácio eu vou falar um pouquinho de quem colocou em prática essa técnica, essa informação, esse conhecimento, esse modelo – seja digital ou qualquer outro modelo que você está procurando – para vender, para atender, para servir; para poder levar alguma coisa a seu cliente, para conquistar pessoas. Porque na realidade, o que esse grande cara, o Moisés Ramos, mais sabe fazer é conquistar pessoas. Então, essa é a técnica, a maneira de fazer, o modelo, o processo para você chegar a isso, pela via digital.

Acima de tudo, somos seres emocionais, e o Moisés é a própria emoção; o cara da terra, o cara raiz, que passa valores que ele aprendeu na vivência, no aprendizado, no exemplo que ele copiou e que ele continua multiplicando, que ele continua preservando, por meio de um modelo de conquista, começando na base.

A base começa dentro de casa, onde você faz a sua primeira venda, quando vende a sua energia, a sua positividade, o seu relacionamento; é quando você leva isso para onde resolveu definir que ali produziria, e aquilo se torna a extensão da sua família.

E aí você leva isso para casa, e leva a casa para lá... e nesse meio--tempo aprende a conviver com os diferentes, a conquistar pessoas, a criar relacionamentos e, por consequência, a realizar vendas.

O que este livro traz são métodos, propostas, opções, caminhos que vão fazer você conseguir alcançar o coração, o emocional, a pessoa e, por consequência, realizar a venda. Porque o produto que você tem, ele já precisa.

Não importa a sua atividade, todos nós vendemos alguma coisa a partir de nós mesmos, a partir da nossa energia. E o Moisés colocou neste livro uma forma de você atingir essa sensibilidade, essa grandeza, esse potencial que tem dentro de cada ser humano consumidor, para que você possa atendê-lo à altura, conquistar essa pessoa e, por consequência, ganhar um novo cliente.

Então olhe cada linha. Olhe e feche os olhos. Comece a imaginar o atendimento, comece a imaginar como você atende, mesmo quando é digital, quando é à longa distância, quando é corporativo; não importa.

Nós somos emocionais; não é a empresa que faz as pessoas, são as pessoas que fazem empresa. E o Moisés consegue colocar ali, abertamente, que o segredo são as pessoas, que o segredo está nas pessoas. O resultado está em quando você aprende a conquistar pessoas.

Nas linhas que você lerá depois deste prefácio, vai se deliciar ao ver como é fácil, possível e acessível lidar com o emocional, como é fácil aprender a lidar com os diferentes e ter habilidade de conquistar pessoas e, por consequência, somar clientes. Mas a conquista está nas pessoas. O cliente pode ser o número, mas a pessoa é única.

Este livro mostra como Moisés vem fazendo na prática. Por isso este prefácio não fala de técnicas, meios nem habilidades do Moisés. Este prefácio fala muito da energia, da espiritualidade, do propósito do Moisés, baseado nos valores dele para entregar para você o que há de melhor quando se fala de relacionamento.

É isso, gente, nós somos gente; nós somos pessoas. O Moisés é um, entre esses caras, habilitado com a energia, com as ferramentas, com a prática, com a experiência de relacionamento e conquista de pessoas.

Ele transformou esse método e processo em linhas escritas, para que você entenda como se põe isso no papel, para que possa trazer para você aquilo que interessa; que é o emocional, que é o espiritual, que é gente; que são as pessoas. E você vai se surpreender com o resultado.

Leia cada linha, feche os olhos, imagine a situação, e você vai ver que o que ele pôs aqui é o que ele faz na prática. E se ele tem resultado, se eu tenho resultado, com esse mesmo tipo de energia, você com certeza também terá.

Bem-vindo ao clube dos felizes, bem-vindo ao clube dos empreendedores, dos vendedores raiz. Esta leitura vai ajudar você a aprimorar, a evoluir, a vir para o novo normal que é "ser um ser que é ser humano". O novo normal não é uma máquina, não é uma tecnologia, é um ser humano habilitado para conquistar um outro ser humano e, por consequência, realizar grandes vendas.

Boa leitura a todos! Que Deus os abençoe!

Geraldo Rufino é fundador da maior recicladora automotiva da América Latina, a JR Diesel, escritor best-seller e palestrante.

APRESENTAÇÃO

Em um mundo onde a mudança é a única constante, as empresas que transcendem a simples venda de produtos para entregar experiências transformadoras são as que realmente entendem o que move os consumidores. Vivemos em uma era em que as transações não são apenas financeiras, mas também emocionais, e isso está redefinindo o marketing e as vendas, fazendo-os assumir um viés profundamente humano. Este é um tempo em que as escolhas dos consumidores são influenciadas mais pelo impacto emocional de um produto do que por suas características físicas, o que marca uma verdadeira revolução no pensamento comercial.

Neste contexto dinâmico, as empresas que, além de entender, também conseguem expressar e oferecer resultados alinhados às necessidades emocionais dos clientes destacam-se como líderes. A compreensão de que o consumidor moderno busca satisfação emocional, e também funcionalidade, posiciona essas empresas na linha de frente da lealdade do cliente.

Entender que compramos estados emocionais, e não apenas produtos ou serviços, é essencial para o sucesso empresarial. Empresários presos a modelos tradicionais correm o risco de declínio, enquanto aqueles que inovam têm tudo para prosperar.

Moisés Ramos é um mestre na arte da diferenciação. Com uma trajetória de sucesso como empresário, professor, escritor, palestrante, mentor de negócios e pessoas, ele acumula duas décadas de experiência empreendedora. À frente da Âncora X e como sócio do Instituto Êxito de Empreendedorismo, dedica-se a orientar aqueles que buscam se destacar no mundo digital. Com mais de quarenta mil alunos, já provou sua habilidade em aumentar a receita dos negócios, focando a geração de valor real para as pessoas. Seu renome como autoridade no empreendedorismo brasileiro é solidificado por suas palestras em eventos de prestígio, como a Business Conference em Harvard e o Empreenda Summit.

A crise global acelerou a transformação digital, exigindo uma adaptação rápida no marketing e na venda de produtos e serviços. Este livro oferece as ferramentas necessárias para uma comunicação eficaz nas redes sociais, transformando relacionamentos em vendas significativas. Em *Não venda produtos, venda resultado!*, Moisés Ramos aborda a importância de entender como os clientes interagem, buscam, esperam e gastam no ambiente digital, permitindo que os leitores desta obra obtenham mais lucro com menos esforço e uma visão mais clara e eficiente de seus negócios. Aqui, Moisés compartilha técnicas comprovadas de posicionamento, marketing e vendas.

Convido você a mergulhar neste livro único. Mais do que uma leitura, é uma jornada para descobrir como seu negócio pode ser transformador para os seus clientes. Não perca mais tempo! Comece agora a desvendar os segredos que vão impulsionar o seu empreendimento e impactar positivamente a vida de muitas pessoas.

Roberto Shinyashiki é médico, empresário e autor best-seller.

> **EMPRESÁRIOS PRESOS A MODELOS TRADICIONAIS CORREM O RISCO DE DECLÍNIO, ENQUANTO AQUELES QUE INOVAM TÊM TUDO PARA PROSPERAR.**

INTRODUÇÃO

Este livro não fala de mim, mas de nós! Nem é mais uma obra sobre marketing. Ele é o seu primeiro passo rumo ao conhecimento de um novo modo de vivenciar suas experiências com vendas.

Sua jornada neste livro não está começando agora, ela começou quando você percebeu que a entrega que faz, seja de um produto ou serviço, não pode estar restrita a um simples sistema de troca. Começou quando você entendeu que, como cliente, gostaria de ser tratado de maneira diferenciada, e que isso também precisava acontecer com quem consome seu produto.

Você deu os primeiros passos nesta trajetória quando rolou o feed do Instagram de alguns perfis de sucesso e se perguntou: "Como eu posso desenvolver algo assim ou alcançar esse mesmo engajamento?".

Como eu sei disso?

Em todo o mundo, existem mais de 1 bilhão de usuários nas redes sociais – mais de 500 milhões deles as usam todos os dias, compartilhando mais de 400 milhões de conteúdos diariamente. No Brasil, segundo o Instituto Brasileiro de Geografia e Estatística

---

[2] ELON Musk – CEO of Tesla Motors and SpaceX | Entrepreneurship | Khan Academy. 2013. Vídeo (48min41s). Publicado pelo canal Khan Academy. Disponível em: https://www.youtube.com/watch?v=vDwzmJpI4io&t=18s. Acesso em: 28 nov. 2023.

(IBGE),[3] mais de 100 milhões de pessoas já estão conectadas. Somos o quinto país do mundo em número de internautas. E você é um deles.

O mundo está cada vez mais conectado. E, o tempo inteiro, as pessoas, por meio de smartphones, tablets e computadores, recebem e trocam e-mails, mandam mensagens, verificam publicações, buscam informações sobre produtos, comparam preços.

Na área corporativa, não é diferente. Por meio da internet e das redes sociais, as empresas podem ampliar o relacionamento com seus clientes já fidelizados e a quantidade de clientes potenciais, bem como criar parcerias e ter acesso a novos fornecedores. Esse canal direto – a internet – gera um mundo de oportunidades, desde que se faça bom uso dela.

A tendência à digitalização das vendas, que já era um processo inevitável, foi acelerada por conta do novo coronavírus, e agora é uma realidade incontornável, pouco importando se você tem ou não afinidade com o universo digital. O ponto mais importante está no fato de que, se for esse o caso, você precisa se adequar a essa nova realidade com urgência.

Se você ainda apresenta soluções baseadas nos antigos modelos de vendas, centrados exclusivamente na presença física e no produto/serviço como foco central do processo, mais cedo ou mais tarde vai estar fora do mercado.

Para lhe dizer por que acredito tanto nessa visão, e por que você precisa ler este livro, tenho que mencionar o que aconteceu no mercado de vendas por causa da pandemia de Covid-19.

[3] NERY, C.; BRITTO, V. Internet já é acessível em 90,0% dos domicílios do país em 2021. **Agência de Notícias IBGE**, 16 set. 2022. Disponível em: https://agenciadenoticias.ibge.gov.br/agencia-noticias/2012-agencia-de-noticias/noticias/34954-internet-ja-e-acessivel-em-90-0-dos-domicilios-do-pais-em-2021. Acesso em: 12 nov. 2023.

O IMPACTO DA PANDEMIA

Em 2020, a fim de evitar a proliferação do vírus SARS-CoV-2, medidas de isolamento social foram tomadas. A baixa circulação de pessoas naquele período afetou os micro e pequenos negócios, que sofreram com a queda no consumo.

O E-COMMERCE, ENTÃO, GANHOU FORÇA E PASSOU A SER UMA EXCELENTE OPÇÃO DE VENDA, POIS O CONSUMIDOR HABITUOU-SE A RECEBER SUAS COMPRAS EM CASA, COM MAIOR PRATICIDADE E COMODIDADE. MUITA GENTE TEVE SUA PRIMEIRA EXPERIÊNCIA COM COMPRAS ON-LINE, E QUEM TINHA ALGUMA RESISTÊNCIA PASSOU A DAR UMA CHANCE A ESSE MODELO DE NEGÓCIO.

Além disso, a pandemia trouxe uma ênfase crescente na autenticidade e na responsabilidade social. Os consumidores se tornaram mais conscientes das práticas das empresas e passaram a valorizar ainda mais aquelas que demonstravam preocupação com a comunidade e o meio ambiente. Isso influenciou as estratégias de marketing digital, com um foco maior na narrativa da marca e na promoção de valores alinhados com os do público.

O e-commerce brasileiro[4] registrou um faturamento recorde em 2021, com um crescimento de 26,9% em relação ao ano anterior. O número de pedidos aumentou 16,9%, segundo levantamento da Neotrust, empresa responsável pelo monitoramento do e-commerce

---

[4] COSTA, M. Com pandemia, vendas pela internet crescem 27% e atingem R$ 161 bi em 2021. **Estado de Minas**, 2 fev. 2022. Disponível em: https://www.em.com.br/app/noticia/economia/2022/02/02/internas_economia,1342064/com-pandemia-vendas-pela-internet-crescem-27-e-atingem-r-161-bi-em-2021.shtml. Acesso em: 12 nov. 2023.

brasileiro. O valor médio por compra também registrou aumento de 8,6% em relação a 2020.

Isso não o deixa curioso? Como houve empresas ou empreendedores que prosperaram em tempos tão adversos? Segundo o IBGE,[5] entre as 2,7 milhões de empresas que permaneceram em atividade, a pandemia provocou mudanças na oferta de produtos e serviços: 32,9% das empresas relataram ter alterado o método de entrega de seus produtos ou serviços para serviços on-line e 20,1% declararam ter lançado ou passado a comercializar novos produtos e/ou serviços na primeira quinzena de junho daquele ano.

Se, no contexto exclusivamente humano, a pandemia nos trouxe limitações e perdas, não podemos afirmar isso quando verificamos o faturamento do comércio varejista no país. Embora as lojas físicas estivessem fechadas, o comércio eletrônico, que representava em média 9,2% da receita até julho de 2020, mais do que dobrou essa marca e, em junho de 2021, já estava em 21,2%.[6]

Segundo o economista Rodolpho Tobler, "o resultado confirma com números a hipótese de que as empresas aceleraram o processo de digitalização ao longo da pandemia, principalmente para minimizar os impactos negativos da queda de circulação de pessoas nas lojas físicas".[7]

Para acompanhar esses novos hábitos de consumo, é importante que o empreendedor aproveite a oportunidade para entender como

---

[5] BARROS, A. Pesquisa Pulso Empresa: 44,8% das empresas foram afetadas negativamente pela pandemia na primeira quinzena de julho. **Agência de Notícias IBGE**, 18 ago. 2020. Disponível em: https://agenciadenoticias.ibge.gov.br/agencia-sala-de-imprensa/2013-agencia-de-noticias/releases/28625-pesquisa-pulso-empresa-44-8-das-empresas-foram-afetadas-negativamente-pela-pandemia-na-primeira-quinzena-de-julho. Acesso em: 12 nov. 2023.

[6] CHIARA, M. Com pandemia, comércio online mais que dobra e já chega a 21% das vendas. **Terra**, 16 out. 2021. Disponível em: https://www.terra.com.br/economia/com-pandemia-comercio-online-mais-que-dobra-e-ja-chega-a-21-das-vendas,5debb5ae5ddf7b72cf21833dbe6ee6ado3p9nqzi.html. Acesso em: 28 nov. 2023

[7] *Ibidem.*

o cliente procura, age, espera e gasta pela internet. Por isso é imprescindível ficar atento às mudanças de comportamento e hábitos do consumidor.

O que era para acontecer, talvez, dali a cinco anos, teve o processo antecipado para um ano. O digital passou a ser o lugar em que todos teriam que divulgar seus produtos e serviços. Como grande parte dos empreendedores, também precisei me adaptar a esse período de crise sanitária global. Foi exatamente aí que tudo mudou: aconteceu um escalonamento de 300% de clientes, o que, consequentemente, ocasionou um grande faturamento.

Essa mudança me levou a outro nível e moldou meu olhar para o marketing digital, que, apesar de existir há bastante tempo dentro das empresas, ainda é utilizado de modo equivocado e, com certa frequência, amador, sem receber a devida atenção dos departamentos responsáveis por essa atividade tão relevante. Esse erro impacta negativamente as empresas, que não compreendem quando as vendas não saem conforme o planejado.

É um quadro que precisa mudar, e meu objetivo neste livro é mostrar as ferramentas necessárias para que empresários e novos empreendedores se comuniquem com os clientes de maneira efetiva e eficaz por meio das redes sociais, de modo que esse relacionamento se converta em muitas, muitas vendas!

UMA BREVE APRESENTAÇÃO

E quem sou eu para falar assim a seu respeito e a respeito de como você gerencia o marketing dos seus negócios?

Eu me formei em Jornalismo e me especializei em Marketing, em Novas Tecnologias e em Assessoria de Comunicação. Fiz mestrado em Ciências da Educação e, logo que o concluí, tornei-me CEO de duas empresas: a MR3 Comunicação, que desenvolve a gestão estratégica de marketing e consultoria para empresas; e a Âncora X, que produz eventos, palestras, treinamentos e infoprodutos.

Eu estava na faculdade quando aconteceu a minha virada de chave. Enxerguei um grande espaço no mundo da comunicação corporativa, notei que era uma área com potencial de crescimento. Eu antevia que não existe empresa de sucesso sem comunicação eficiente. Em 2014, enquanto ajudava amigos empresários na comunicação de suas empresas, decidi dar um passo a mais e montei a MR3 Comunicação, uma empresa que hoje ajuda empresários a comunicar seus negócios por meio do marketing digital.

Contudo, sei que isso ainda é o começo. A bolha do marketing digital ainda não estourou, e sempre vi, nesse ecossistema, uma grande oportunidade de criar vários nichos ligados à comunicação, ao marketing e à necessidade de entender as pessoas. Por isso, tenho uma abordagem estratégica da área. Ainda temos muito a crescer, e uma das maneira de eu fazer isso é proporcionando a você o seu crescimento.

O CLIENTE QUER SOLUÇÕES

Se você é empreendedor e deseja abrir um negócio escalável ou se é um empresário que precisa se posicionar no digital, usando como ferramenta as redes sociais, este livro é para você. Nele, eu lhe ofereço um método para alavancar as suas vendas por meio do cumprimento de geração de valor, permitindo que você dobre e até triplique o faturamento dos seus negócios.

Entenda: o cliente busca por soluções. Pessoas com problemas querem ter seus problemas solucionados – e estão dispostas a pagar o que for quando são convencidas disso. Como o mercado é competitivo, aquele que, além de saber resolver os problemas do outro, estiver mais bem preparado para isso sai na frente.

Para entregar soluções para seu cliente, gerando valor com seu trabalho em vez de simplesmente precificá-lo, você deve entender o seu público, criar conteúdo de valor e firmar uma boa conexão com os seus clientes a partir de um posicionamento único. Alcançar sucesso nas vendas tem a ver com gerar impacto emocional ao solucionar problemas, o que significa realizar uma venda sem focar preço e moeda e tornar o dinheiro uma consequência natural, e não a causa primária dos seus negócios.

Como explica o investidor Warren Buffett "preço é o que você paga, valor é o que você leva".[8] Isso não pode ser estimado em dinheiro, tendo um peso diferente para cada cliente, e liga seu produto/serviço a um valor que ele proporciona, que pode ser status, praticidade, qualidade etc. Quando seu cliente percebe isso, ele não se importa mais com o preço do produto, e sim com o que ele vai proporcionar.

ESTE LIVRO É PARA VOCÊ

Ao ler estas páginas, uma nova maneira de encarar o processo de vendas por meio das redes sociais e das mídias digitais virá à tona. Você vai entender que o combustível da sua empresa é vender com emoção. Vai entender também que, quando encantamos e qualificamos o nosso público, conseguimos fazer com que ele nos compre com mais tranquilidade. E saiba que eu vou ajudar você a vender sem dizer preço.

Você vai aprender técnicas de posicionamento, marketing e vendas – todas testadas – para aplicar no seu empreendimento. Vou lhe ensinar o que eu mesmo coloco em prática diariamente e que é resultado da minha experiência de duas décadas como empreendedor.

---

[8] BUFFET, W. **O jeito Warren Buffett de investir**: os segredos do maior investidor do mundo. São José dos Campos: Benvirá, 2019.

Mantenha a mente aberta e, ao fim desta jornada, você também terá uma visão mais clara do seu negócio. Será capaz de obter mais lucro com menos esforço, sem aquela sensação de estar sempre andando em círculos.

O propósito deste livro não é meramente adornar a sua estante, mas, sim, ser um guia, um apoio, um lembrete ou uma fonte de inspiração sempre que necessário. Depois de lê-lo, o tratamento amador que você tem dispensado à divulgação de produtos dará lugar a um olhar profissionalizado do negócio e da arte de vender. Você não vai mais pedir àquele sobrinho nerd que poste seus produtos e serviços, você assumirá a responsabilidade de alavancar seus negócios em ambiente digital.

Você não está mais solitário em sua jornada rumo aos seus sonhos. É uma verdadeira honra fazer parte da sua história e testemunhar as mudanças que estão prestes a acontecer. Agradeço por confiar em mim e permitir que eu cumpra a minha missão!

Vamos juntos?

"

MANTENHA A
MENTE ABERTA
E, AO FIM DESTA
JORNADA, VOCÊ
TAMBÉM TERÁ UMA
VISÃO MAIS CLARA
DO SEU NEGÓCIO.

"

@moisesramos.me

CAPÍTULO 1

DESAFIOS DIGITAIS

Quando o novo coronavírus chegou ao Brasil, ele já vinha impactando a economia do mundo inteiro. Ou seja, a onda chegou como um tsunami, e, ainda hoje, muitos empresários e empreendedores continuam sendo arrastados por ela. Na turbulência, vários se perderam, mas outros, mesmo em meio à desordem, encontraram saídas, oportunidades e defenderam suas posições no mercado.

Se sua empresa sobreviveu à pandemia, você está de parabéns! Mas se essa crise não foi suficiente para você entender a importância do posicionamento digital, é preciso que reveja seus conceitos para ontem!

Talvez você até entenda isso, só que ainda não começou a agir. E por quê? Porque empresas são geridas por pessoas, e boa parte delas tem dificuldade de se adaptar às mudanças. Normalmente, essa dificuldade é uma questão cultural.[10] Há aqueles que se apegam mais aos hábitos que aos números e preferem "não mexer em time que

---

[9] MANDINO, O. G. **O maior vendedor do mundo**. Rio de Janeiro: Record, 1978.

[10] ALMEIDA, P. **Resistência a mudança organizacional**: estudo comparativo entre os fatores que motivam a resistência à mudança organizacional em uma empresa pública e outra privada. Monografia de especialização (Pós-graduação em Gestão Pública) – Universidade Tecnológica Federal do Paraná, Itapevi, 2014. Disponível em: https://repositorio.utfpr.edu.br/jspui/bitstream/1/22993/3/PB_GP_IV_2014_12.pdf. Acesso em: 23 nov. 2023.

está ganhando", mesmo que os números digam o contrário. Outros reproduzem metodologias ancestrais (principalmente em empresas cuja gestão está nas mãos da família há muitas gerações). Se o negócio não surgiu dentro do cenário digital, o obstáculo é maior.

É fato que administrar uma transição não é fácil nem na vida pessoal, que dirá em uma empresa. Reconheço que é uma tarefa complexa: vai desde a análise de desempenho, a autocrítica, passa pela substituição de equipamentos de trabalho, toca no gerenciamento de uma quantidade enorme de informações e culmina no treinamento da equipe.

Claro que nem todas as mudanças exigem tudo isso; há aquelas que podem ser feitas internamente, sem esbarrar no departamento de TI. Mas algumas são inevitáveis. Precisam ser realizadas, ou a empresa não vai sobreviver.

O sistema educacional também não ajuda quando o assunto é empreendedorismo. Quando um estudante de odontologia ou de outra área das chamadas profissões liberais se forma na faculdade, ele não se torna apenas um dentista, odontólogo, cirurgião ou outra nomenclatura técnica. Ele se torna, sobretudo, um empresário. Porém, as universidades não ensinam tais estudantes a serem empresários, mas, sim, a terem um emprego e serem assalariados, e é por esse motivo que muitos não decolam, por mais que possuam bons equipamentos e uma localização privilegiada para o atendimento.

Para mudar esse paradigma é preciso que esse novo profissional que agora está no mercado construa um negócio e se veja como empresário a partir do dia da formatura, pois o posicionamento e comportamento farão toda a diferença no seu sucesso. Um dentista, um médico, um advogado, um contador ou qualquer outro profissional que abriu uma pequena empresa automaticamente se transformou em um empreendedor. Essa é uma verdade que deve ficar clara na mente de cada um deles.

É óbvio que não é uma mudança fácil. Toda transformação traz algum tipo de desconforto, e isso não é exceção nos negócios. Mas, para evitar sofrer as consequências de não conseguir acompanhar a realidade atual do mercado, empreendedores e empresários têm de compreender a urgência de se enfrentar o novo e pensar no digital como algo obrigatório.

É PRECISO ENCARAR COMO PRIORIDADE

Um dos principais problemas enfrentados por empreendedores e empresários é não entender que a transformação digital é urgente e sua implementação deve ser prioridade. Alguns até entendem a importância de experimentar a mudança em seus processos, mas colocá-la em prática é outra história.

Em novembro de 2022, durante a primeira edição do DX Leaders,[11] a Meta apresentou os resultados de um estudo sobre a evolução da inovação de negócios e sobre a transformação digital. Nessa pesquisa, que contou com a participação de oitenta grandes empresas, quase 70% dos executivos consideraram que o principal desafio da transformação digital está na cultura organizacional e não exatamente nas exigências tecnológicas. A resistência não está somente nos funcionários; ela abrange também os gestores. Diante desses resultados preliminares, entendemos que medo, ceticismo e até sabotagem são obstáculos que precisam ser superados.

Conheço empresários que até iniciaram o processo de transformação digital, mas nunca terminaram. Eles ainda estão acostumados a atuar de maneira passiva, esperando que o problema apareça para só então corrigi-los.

[11] META. **E-book DX Leaders**, 2021. Disponível em: https://www.meta.com.br/ebook-dx-leaders/. Acesso em: 12 nov. 2023.

Essa falta de compromisso com a transformação digital tem suas raízes na dificuldade de reconhecer que existe uma dor de digitalização a ser suprida e que o cenário de hoje pode até ser confortável, mas certamente não será no futuro próximo, pois o digital invade não só as organizações, mas também a vida da maioria das pessoas.

Nos casos em que as empresas conseguem identificar a mudança com antecedência e se adaptam rapidamente às novas realidades, é possível construir uma marca mais forte. É preciso ter cuidado, porém. A necessidade de urgência de adaptações muitas vezes impede que uma mudança seja bem realizada e concluída com sucesso.

O ideal é desenvolver um planejamento digital concreto e que supra as necessidades de digitalização de maneira personalizada, de acordo com a realidade de cada empresa. E o mais importante: não deixar que a dificuldade de ver a urgência da mudança para sua empresa o impeça de continuar a desempenhar um papel no mercado digital.

TUDO MUDOU

O acesso à informação e a internet criaram uma verdadeira revolução na maneira de vender e consumir. Foi-se a época em que era necessário oferecer somente um bom atendimento e produtos de qualidade. Os tempos são outros, e os consumidores passaram a ter mais consciência e, também, mais poder na decisão de compra.

É importante entendermos como se deram essas mudanças. O marketing passou por algumas etapas até chegar ao que conhecemos hoje. Segundo Kotler,[12] foram três no decorrer do século XX. São elas:

[12] KOTLER, P. **Marketing 3.0**: as forças que estão definindo o novo marketing centrado no ser humano. Rio de Janeiro: Elsevier, 2010.

- Marketing 1.0: foco no produto e em sua divulgação;
- Marketing 2.0: foco no consumidor;
- Marketing 3.0: foco nas aspirações humanas.

Vamos entender um pouco do funcionamento de cada uma dessas três eras.[13]

Marketing 1.0

No início, o marketing se preocupava unicamente com o produto. Não levava em conta os anseios do consumidor. Isso ocorria porque a informação não estava amplamente disponível, como acontece nos dias de hoje. Desse modo, a empresa ditava as regras do jogo, e o consumidor era forçado a aceitá-las se quisesse jogar também.

Marketing 2.0

Com a Terceira Revolução Industrial, que trouxe consigo o início da Era da Informação, tornou-se possível ao consumidor a pesquisa e a comparação de preços, qualidade e informações gerais sobre os produtos. O marketing, então, precisou se atualizar. Acontecia um deslocamento do foco no produto para o foco na comunicação com o cliente. É o primeiro momento em que o consumidor passa a ter relevância no processo.

Marketing 3.0

Nesta fase, o foco continua no consumidor, mas agora também está relacionado a fatores espirituais, como aspirações e valores humanos. É possível notar essa diferença em anúncios que focam

[13] OLIVEIRA, D. Marketing 1.0, 2.0 e 3.0: entenda sua evolução e diferenças. **Blog da Soften Sistemas**. Disponível em: https://blog.softensistemas.com.br/marketing-1-0-2-0-e-3-0/. Acesso em: 22 nov. 2023.

a empatia, o direito das minorias e outras questões antes não levadas em consideração.

TODOS OS PRODUTOS E SERVIÇOS QUEREM ESTAR LIGADOS À ESPERANÇA DE RESOLUÇÃO DOS PROBLEMAS DO MUNDO. ISSO SIGNIFICA DIZER QUE, MAIS QUE VENDER UM PRODUTO OU SERVIÇO, AS EMPRESAS PRECISAM VENDER UMA EXPERIÊNCIA POSITIVA E INESQUECÍVEL AO CLIENTE.

Nesta era, há paradoxos em relação à globalização, ao choque cultural e à digitalização que precisam ser resolvidos também com a ajuda do marketing. Conheça alguns deles:

- **Uniformidade × Diversidade cultural:** a globalização muitas vezes leva à homogeneização cultural, ou seja, faz com que elementos locais percam sua singularidade diante de uma cultura global dominante. Por um lado, as marcas querem se conectar globalmente, mas, por outro, precisam de normas e de incorporar nuances culturais locais. O marketing precisa da criação de mensagens universais com equilíbrio e da personalização para evitar a perda das desvantagens culturais.
- **Conectividade × Isolamento social:** a digitalização trouxe uma conectividade sem precedentes, mas, paradoxalmente, as pessoas podem se sentir mais isoladas. Marcas enfrentam o desafio de criar campanhas que explorem a conectividade digital enquanto promovem interações humanas características. O marketing precisa encontrar maneiras de usar a tecnologia para construir comunidades, em vez de contribuir para o isolamento social.
- **Velocidade × Sustentabilidade:** a digitalização acelerou muitos processos, e também contribuiu para questões de sustentabilidade.

O marketing enfrenta o desafio de promover produtos e serviços rápidos e eficientes, mas também sustentáveis a longo prazo. A resolução desse paradoxo envolve criar mensagens que destaquem a eficiência, sem comprometer os princípios ecológicos.

- **Informação × Sobrecarga cognitiva:** a abundância de informações na era digital pode levar à sobrecarga cognitiva, cenário no qual os consumidores se sentem saturados. O marketing deve encontrar maneiras de oferecer informações relevantes e úteis sem sobrecarregar os consumidores. A personalização de mensagens e estratégias mais direcionadas podem ajudar a resolver esse paradoxo.

- **Inovação × Resistência à mudança:** a digitalização e a inovação tecnológica muitas vezes encontram resistência devido à preocupação com a perda de empregos e mudanças sociais. O marketing desempenha um papel vital na comunicação dos benefícios da inovação, destacando como ela pode melhorar vidas, criar oportunidades e gerar mudanças positivas. Criar narrativas convincentes é essencial para superar essa resistência.

- **Personalização × Privacidade:** a personalização é uma estratégia de marketing eficaz, mas também levanta preocupações com a privacidade. As marcas precisam encontrar maneiras de oferecer experiências personalizadas sem invadir a privacidade do consumidor. Transparência e práticas éticas em relação aos dados dos clientes são cruciais para resolver essa questão.

Ao enfrentar esses paradoxos, o marketing desempenha um papel crucial na navegação em busca de um mundo cada vez mais globalizado, culturalmente diverso e digitalmente conectado. A chave é encontrar soluções que equilibrem esses esforços, promovendo valores autênticos, sustentáveis e humanos.

Marketing 4.0[14]

A fase do Marketing 4.0 visa solucionar, como em um princípio pendular de tensão e repouso, os paradoxos da fase anterior, harmonizando automatização e digitalização de um lado, humanização e criatividade do outro.

No Marketing 4.0, falamos de conceitos como jornada de compra, diversidade, ambiente colaborativo, conectividade e termos semelhantes. Em outras palavras, a experiência do comprador deve ser considerada da pré-venda até o pós-venda, não se resumindo apenas à experiência da compra em si. Em vez disso, é encarada como um processo longo e, muitas vezes, complexo.

SABE AQUELA HISTÓRIA DE ANUNCIAR EM UM OUTDOOR OU PAGAR UMA (CARÍSSIMA) INSERÇÃO PUBLICITÁRIA NA TELEVISÃO (QUE ERA O MELHOR JEITO DE TORNAR UMA EMPRESA CONHECIDA NO MERCADO)? ISSO FICOU NO PASSADO. DO MESMO MODO QUE A CONCORRÊNCIA DEIXOU DE SE LIMITAR A UMA DISPUTA ENTRE EMPRESAS QUE FORNECEM PRODUTOS OU SERVIÇOS SEMELHANTES OU QUE VISAM O MESMO PÚBLICO-ALVO.

Em um cenário em que quase 90% dos lares brasileiros têm acesso à internet, segundo o IBGE,[15] o segredo para seu negócio prosperar em vendas e reconhecimento tem nome e sobrenome: marketing digital.

A realidade da transformação digital permite, inclusive, que novos entrantes no mercado superem empreendimentos já consolidados. Se um determinado serviço deixa de agregar valor aos usuários, eles

[14] OLIVEIRA, D. *op cit.*
[15] NERY, C.; BRITTO, V. *op cit.*

podem (e de fato irão) migrar rapidamente para uma das inúmeras alternativas que não param de surgir.

O MySpace, pioneiro no cenário das redes sociais,[16] foi o primeiro a ganhar popularidade ao permitir o compartilhamento de diversas mídias em escala global. Entretanto, em 2005, o Facebook foi lançado e impactou significativamente o MySpace. O Facebook conquistou o público ao oferecer um formato de atualizações contínuas.

A maioria dos usuários do MySpace migrou para o Facebook, resultando na transformação da plataforma original em um espaço de nicho destinado aos amantes de música e entretenimento. Em 2011, os gestores da marca buscaram reposicionar a plataforma, abraçando essa nova identidade, mas os resultados não foram relevantes, o que levou a empresa a passar por várias mudanças de propriedade nos últimos anos.

A IMPORTÂNCIA DO POSICIONAMENTO DIGITAL

De acordo com um estudo[17] realizado pela agência SEO Hedgehog Digital, em parceria com a Opinion Box, quase 100% da população brasileira pesquisa na internet antes de contratar um serviço ou realizar uma compra, seja on-line ou presencial. Entende por que divulgar sua marca digitalmente vai influenciar de modo significativo no sucesso da sua empresa?

Estudar marketing e comunicação é essencial para todos os gestores de negócio ou empreendedores. Afinal, é o uso de suas técni-

---

[16] BORGES, M. **Explorando o uso de plataformas digitais de mídia social por empresas para co-criação com consumidores**. Tese de doutorado (Programa de pós-graduação em administração) – Universidade Federal do Rio Grande do Sul. Porto Alegre, 2011. Disponível em: https://lume.ufrgs.br/bitstream/handle/10183/30135/000780147.pdf. Acesso em: 24 nov. 2023.

[17] 93% DOS brasileiros pesquisam no Google antes de comprar. **E-commerce Brasil**, 1 out. 2021. Disponível em: https://www.ecommercebrasil.com.br/noticias/pesquisa-google-antes-comprar. Acesso em: 12 nov. 2023.

cas e teorias que possibilita um maior conhecimento do mercado e garante o crescimento das vendas. E isso é o objetivo de qualquer empresa criada, independentemente de sua área de atuação ou seu tamanho.

POSICIONAMENTO DIGITAL: O CENTRO DAS ATENÇÕES

Eu sei que, como qualquer gestor e empreendedor, você também deseja que sua marca e seu produto superem suas expectativas e ganhem mercados consumidores cada vez maiores, aumentando a lucratividade e a longevidade do seu negócio.

Mas assim que se começa a estudar ou a ler a respeito de marketing e todas as suas estratégias para aumentar a visibilidade do negócio e de seus resultados financeiros, a palavra "posicionamento" é o centro de todas as atenções. No livro *Posicionamento: a batalha por sua mente*,[18] Al Ries mostra que posicionamento não acontece na empresa, acontece na cabeça do cliente: é a posição que a marca ocupa, como ela é vista pelas pessoas. No caso do posicionamento digital, essa ideia é transferida para a internet, consistindo na maneira como seu negócio é visto no ambiente digital.

Sabe o que grandes marcas como Netflix, Amazon e Apple têm em comum? São totalmente digitais. É claro que não conquistaram a liderança de uma hora para outra. Assim como todas as outras empresas, também tiveram que enfrentar os desafios da era digital.

A Amazon, de Jeff Bezos, partiu de uma pequena revendedora de livros usados, ainda com o nome de Cadabra, para se tornar uma das marcas mais valiosas do planeta. Considerada uma das principais empresas de e-commerce do mundo. Certamente, quando o assunto é

---

[18] RIES, A.; TROUT, J. **Posicionamento**: a batalha pela sua mente. São Paulo: M.Books, 2009.

marketing, comunicação e vendas, seu posicionamento visa o cliente em primeiro lugar.[19]

Empresas com posicionamento digital conversam de um modo particular, única; ao contrário das que ainda não estão posicionadas. A Netflix, por exemplo, destaca-se nos comentários das redes sociais: é a mais divertida das plataformas de streaming.

Certa vez, a Netflix foi inspiração de uma grande campanha de marketing. A rede Natural da Terra, em parceria com a Hortifruti, resolveu fazer uma campanha inusitada para divulgar frutas, verduras e legumes de maneira criativa. Assim nasceu a "Hortiflix", uma campanha publicitária que envolvia diversas paródias de filmes tendo os nomes substituídos pelos vegetais em questão.

A Netflix, então, fez a seguinte legenda em uma postagem no seu perfil, em uma rede social: "Gostei muito do hortiflix.com.br. Mas só lembrando que pra fazer uma salada legal é melhor maneirar no uso de 'spóleo'"[20] – fazendo um trocadilho de "spóleo" com "spoiler" e, na postagem, usando a imagem de uma embalagem de óleo vegetal.

Na mesma linha de inovação e posicionamento, o Nubank se apresenta muito mais descolado do que os seus concorrentes; e a Apple se apresenta com uma imagem tecnológica sofisticada.

Outro exemplo de como a transição para o mundo digital gera incentivos à inovação é o caso do Magazine Luiza. A rede expandiu seus canais digitais próprios de vendas para concorrer com serviços de e-commerce no Brasil, registrando um crescimento de mais de dez vezes em apenas quatro anos, e continua a crescer: no primeiro

[19] SUCESSO da marca Amazon: descubra o segredo. **DESKFY**. Disponível em: https://deskfy. io/sucesso-da-marca-amazon. Acesso em: 22 nov. 2023.

[20] NETFLIX Brasil. Gostei muito do hortiflix.com.br. Mas só lembrando que pra fazer uma salada legal é melhor maneirar no uso de: [imagem]. 22 fev. 2016. **Twitter:** NetflixBrasil. Disponível em: https://twitter.com/NetflixBrasil/status/701886058087247872. Acesso em: 12 nov. 2023.

trimestre de 2021, suas vendas aumentaram 63%, com os canais digitais atingindo sua maior representatividade sobre as vendas totais na história da empresa: 70%.[21]

Assim, é certo afirmar que o posicionamento digital define a maneira como as marcas se comportam. O problema é que boa parte das empresas ainda não sabe reconhecer e atender as reais necessidades de seus consumidores, mesmo aquelas que já navegam nas águas digitais. Elas pensam que sabem quem são os usuários das suas plataformas ou quais são as principais características dos seus compradores. Mesmo quando realmente têm esse conhecimento, na maior parte das vezes, não sabem o que fazer com ele, pois ainda estão presas a ideias passadas.

Todas as melhorias proporcionadas pela transformação digital devem servir para oferecer melhorias aos seus clientes, em todas as etapas do processo. Contudo, não é necessário que isso seja anunciado. O ideal é que o público sequer perceba os ajustes somente ao desfrutar dos resultados dessa melhoria. E você precisa lutar para que ele não seja negativamente impactado pelo ambiente de transição na sua empresa.

A era digital é a mais competitiva que já tivemos. Consumidores têm acesso fácil a qualquer tipo de informação e são bombardeados com todo tipo de publicidade e conteúdo. O consumidor digital é exigente e deseja personalização. Com tantas empresas ingressando no mundo on-line para conquistar seu espaço e vender seus produtos e serviços, o mercado se tornou muito mais competitivo. Destacar-se nesse meio não é simples, por isso definir bem o posicionamento da sua empresa é tão importante.

[21] FERNANDES, D. Magazine Luiza cresce 63% e lucra R$ 81,5 milhões no primeiro trimestre. **E-commercebrasil**. Disponível em: https://www.ecommercebrasil.com.br/noticias/magazine-luiza-cresce-primeiro-trimestre. Acesso em: 22 nov. 2023.

ABERTO ÀS OPORTUNIDADES E AOS ERROS

No mundo dos negócios, também é possível validar o antigo ditado: "mar calmo não faz bom marinheiro". Não há garantias de que você vai obter sucesso em todas as estratégias, principalmente quando se quer gerar uma cultura de aprendizado. Nem tudo ocorre como o esperado, e é necessário seguir em frente.

Ainda hoje, muitos empreendedores e empresários estão atrelados a um modelo voltado ao domínio de mercado, têm aversão a riscos e só sabem fazer planejamentos de longo prazo. Eles são herdeiros de uma cultura empresarial que desconhece a vulnerabilidade e tentam esconder e mascarar o erro, sentem-se desconfortáveis em discutir falhas.

É claro que não estou propondo uma supervalorização dos erros, mas eles precisam ser encarados com seriedade, pois o universo digital exige que se aprenda sobre velocidade de adaptação às mudanças, resiliência, busca por conhecimento e evolução contínua.

 **SE VOCÊ NÃO DESENVOLVER E ENRAIZAR EM SUA EMPRESA ESSES PRINCÍPIOS, ESTARÁ SEMPRE EXPOSTO AO RISCO IMINENTE DE NÃO APRENDER NEM EVOLUIR. ERRAR É NATURAL E FAZ PARTE DO CRESCIMENTO, SEJA NO ÂMBITO PESSOAL, SEJA NO PROFISSIONAL. É PRECISO ENXERGAR O ERRO COMO UMA OPORTUNIDADE DE ALAVANCAR O NOVO.**

O foco das empresas precisa estar em construir experimentos com agilidade para logo testá-los e aprender com eles, como já dito. Pois a ideia é justamente fazer testes rápidos para poder errar com "segurança", ter perdas pequenas e aprender para ser melhor a cada resultado. Não há mágica, é assim que se constroem os grandes sucessos digitais hoje em dia.

A regra de ouro de crescimento da sua empresa está em abandonar as estratégias que já deram certo e estar aberto para as oportunidades que surgem dos problemas. O processo de transformação digital da sua empresa vai proporcionar saltos de performance mais impressionantes do que quando se cresce organicamente. Invista nele, permita-se viver o extraordinário e veja os resultados.

> **O SEGREDO PARA SEU NEGÓCIO PROSPERAR EM VENDAS E RECONHECIMENTO TEM NOME E SOBRENOME: MARKETING DIGITAL.**

@moisesramos.me

CAPÍTULO 2

UM NOVO TIPO DE EMPREENDEDOR E DE CLIENTE

> *"Razão e autoridade, as duas luzes*
> *mais claras do mundo."*[22]
> **EDWARD COKE**

Em 2020, antes da pandemia, um estudo apontou que 59% dos entrevistados ainda insistiam no sonho de empreender, mas, em 2021, a porcentagem havia caído para 46%. Contudo, em 2022, esse número subiu. Todos esses dados foram apresentados na pesquisa Global Entrepreneurship Monitor (GEM) 2022, realizada pelo Sebrae e pela Associação Nacional de Estudos em Empreendedorismo e Gestão de Pequenas Empresas (Anegepe).[23] Segundo a pesquisa, em 2022, seis em cada dez brasileiros sonhavam em ser donos do próprio negócio.

Já se tornou inevitável, no universo dos empreendimentos, considerar a chegada do novo coronavírus como marco divisor entre dois tempos: antes e depois do marketing digital.

É inquestionável a facilidade que a tecnologia trouxe para a vida das pessoas e para os negócios. Antes, para abrir um empreendimento, eram necessários investimentos significativos, principalmente em estrutura física. O aluguel de um imóvel, a contratação de funcionários, a burocracia fiscal, entre outros, eram o grande empecilho dos

[22] RATIO. *In*: BLACK, C. **A law dictionary**. EUA: West Publishing Company: 1910.

[23] PESQUISA mundial de empreendedorismo divulgada no Projeto Sebrae 50+50. **SEBRAE**, 2021. Disponível: https://sebrae.com.br/sites/PortalSebrae/sebrae50mais50/noticias/pesquisa-mundial-de-empreendedorismo-divulgada-no-projeto-sebrae-50mais50. Acesso em: 12 nov. 2023.

empreendedores que não possuíam capital suficiente para iniciar sua empresa.

O permanente avanço tecnológico (e, óbvio, isso inclui tudo ligado à internet) quebrou algumas dessas barreiras. Hoje, o ponto físico como ambiente de interação com o cliente já não é mais necessário. Muitas empresas funcionam apenas de modo virtual. A verdade é que o isolamento social obrigou grande parte das pessoas a se adaptarem ao trabalho remoto, e muitas, mesmo que tenham apresentado alguma resistência a princípio, encontraram no digital uma maneira honesta e criativa de ganhar dinheiro, com custos iniciais bastante baixos.

O empreendimento digital também permite certo passeio sem esbarrar nas questões burocráticas, ocasionando uma organização mais enxuta, com poucos (ou nenhum) funcionários.

Além disso, as ferramentas de inteligência artificial, quando dominadas e bem usadas, são recursos eficientes e ajudam os empreendedores digitais a gerenciar suas tarefas operacionais e administrativas, a conquistar clientes e alavancar as vendas de maneira muito mais prática e econômica.

NO ENCALÇO DAS MUDANÇAS TECNOLÓGICAS

Nem tudo são flores, porém. Assim como em qualquer empresa física, há situações igualmente desafiadoras quando desenvolvemos um negócio virtual. Embora os empreendimentos digitais possuam uma estrutura menor, alguns processos são necessários para que a empresa permaneça funcionando adequadamente e siga crescendo e alcançando os resultados esperados, principalmente no que diz respeito às vendas.

Se você já tem um negócio ou deseja começar a empreender na área, talvez esteja encontrando dificuldade para se adequar às mudanças ocorridas no processo de vendas. Talvez você seja tímido e não veja necessidade nem tenha vontade de estar nas redes sociais, considerando que elas são irrelevantes para o seu negócio.

Ou talvez você esteja se sentindo pressionado pela concorrência e ainda não saiba exatamente a diferença entre vendas por preço e vendas por valor. Ou, então, esteja se questionando sobre quanto tempo vai se manter no mercado, pois você até tem buscado soluções, mas já está cansado demais e, quando vê, acaba amplificando o seu erro.

ACONTECE QUE SE VOCÊ AINDA TEM UMA ENTREGA DE SOLUÇÕES BASEADA NOS MODELOS ANTIGOS DE VENDAS, CENTRADOS EXCLUSIVAMENTE NA PRESENÇA FÍSICA E NO PRODUTO/SERVIÇO COMO FOCO CENTRAL DO PROCESSO, TUDO ISSO COOPERA PARA QUE VOCÊ FIQUE FORA DO MERCADO, ENTENDE?

Na verdade, há vários possíveis problemas em seu negócio. Todos eles têm a ver com a ausência de um posicionamento sólido no digital e na concepção de sua marca. A questão é que quando estamos no olho do furacão, não conseguimos enxergar as coisas com clareza. Mas vou ajudar você nisso. Para clarear, vou pontuar o que pode estar acontecendo com a sua empresa:

- você não tem uma estratégia bem definida;
- a concorrência é alta no nicho que você escolheu empreender ou gestar;
- as mídias sociais e as tendências digitais estão em constante evolução, e você não está conseguindo se adaptar;
- o orçamento está limitado para investir em marketing;
- seu tempo é dividido entre várias tarefas, o que afeta sua capacidade de desenvolver seu posicionamento digital;

- você não tem conhecimento em design e branding;
- você não conhece seu público;
- você ainda não tem uma compreensão clara do propósito da sua identidade visual e da mensagem que deseja transmitir;
- sua "logo" (elemento central da identidade visual) não comunica a mensagem da sua empresa;
- a paleta de cores da sua marca não cria a atmosfera apropriada para o seu público-alvo;
- as fontes (tipos de letras) que você usa na representação de sua marca não se alinham com a personalidade dela;
- os ícones, imagens (fotografias, ilustrações etc.) e ilustrações que você usa não estão complementando sua identidade visual;
- os elementos acima não estão sendo aplicados consistentemente em todos os materiais de marketing e plataformas on-line.

Nos últimos anos, principalmente depois do aceleramento no crescimento do marketing digital, com frequência sou abordado por pessoas em eventos, palestras e nas redes sociais com questionamentos recorrentes que me permitiram identificar que boa parte dos empresários e empreendedores ainda não sabe:

- diferenciar-se no modo como oferece seus serviços;
- divulgar seu trabalho de maneira interativa e criativa;
- aumentar o engajamento do público que acompanha seu trabalho;
- gerar conteúdo sobre seu produto ou serviço;
- conectar-se de modo sólido com os seus seguidores;
- desenvolver/crescer seu posicionamento no digital;
- obter sucesso nas vendas digitais;
- desenvolver sua identidade visual;
- diferenciar-se nas redes sociais;
- entender de pessoas.

No que diz respeito ao posicionamento nas redes sociais, boa parte dos perfis que analiso estão cometendo alguns erros comuns como:

- conteúdo genérico;
- falta de uma estratégia de conteúdo clara;
- desconhecimento das necessidades e preferências do público;
- desatenção ou desconhecimento das mudanças nos algoritmos das redes sociais;
- falta de autenticidade;
- falta de interação com o público.

Quando o empreendedor já tem experiência em administração, isso se torna valioso para analisar os dados e identificar áreas de melhoria. Mas e quando ele ainda não tem essa experiência? E se ele nunca pesquisou seu público e, ao criar algum conteúdo, não consegue torná-lo relevante? Ou se ele não conhece estratégias de marketing digital para aumentar o engajamento, como ele vai construir uma conexão sólida com os seguidores?

São muitas questões importantes, não? Vamos respondê-las ao longo do livro, não se preocupe. Por ora, apenas tenha certeza disto: a transição para o digital é possível, independentemente do tamanho do seu problema hoje.

A TRANSFORMAÇÃO DIGITAL É PARA TODOS

Pode ser que você já tenha reconhecido, em sua alma empreendedora, que para trilhar essa jornada e alcançar o sucesso vai precisar desenvolver posicionamento digital para chegar até os clientes de maneira, efetiva e eficaz por meio das redes sociais.

Talvez você também já tenha percebido que a identidade visual da sua empresa deve refletir a personalidade e os valores da sua marca e ser reconhecível e coerente em todas as interações com o público. E que, se você não criar uma estratégia sólida, adaptar-se às mudanças e, se possível, buscar ajuda especializada em marketing digital, vai continuar oscilando na construção do seu posicionamento no mercado digital. E não é isso o que você deseja, certo?

Mesmo sabendo disso tudo, é provável que você ainda esteja dando tratamento amador à divulgação de seu negócio, pedindo ao seu sobrinho que entende de computador para postar seus produtos e serviços. Ao agir assim, você negligencia a responsabilidade de alavancar seus negócios no ambiente digital.

É preciso que você saiba que sua resistência ou dificuldade de se adequar a essa nova realidade vai lhe proporcionar sérios empecilhos para se manter no mercado. E que, na busca de solução para o crescimento de seu negócio, você tem feito "mais do mesmo" e, em vez de solucionar, na verdade, está amplificando seu erro.

Há uma verdade que eu sei que você já entendeu: a transformação digital é para todos – e, para alguns, ela é um processo de sobrevivência ou extermínio. Portanto, aqueles que fizeram essa transição ou que fornecem serviços que levarão outros para esse mesmo destino já estão no grupo das águias. Eles entenderam que tudo que hoje é físico pode ser digitalizado e que boa parte da vida será on-line. Você precisa fazer parte dessa realidade.

OS NEGÓCIOS MUDARAM, E OS CONSUMIDORES TAMBÉM

O posicionamento digital da sua empresa não vai roubar sua humanidade. Digitais sim, humanos sempre. Experiências podem ser customizadas, mas relacionamentos, não. Personalização e individualização serão as diferenciações do futuro. E o que vai diferenciar a sua empresa é a sua habilidade de entregar isso no formato que seu cliente precisa.

"

A TRANSIÇÃO PARA O DIGITAL É POSSÍVEL, INDEPENDENTEMENTE DO TAMANHO DO SEU PROBLEMA HOJE.

"

@moisesramos.me

O marketing do século XXI é inovador e profundamente agregado ao constante advento tecnológico. Nessa área, o universo digital nos oferece inúmeras ferramentas para disparar e-mails, captar leads, entender o comportamento dos visitantes de seu site etc.

Aquilo que Steve Jobs chamou de *boom* da internet[24] e o uso do computador pessoal produziram mudanças no modo como as pessoas agem e, claro, como consomem. Ninguém mais faz uma compra sem fazer uma busca no Google. Coloque-se no lugar do seu cliente, e você vai ver que ele não é mais passivo. Ele busca informações e preço tanto do serviço quanto do produto que deseja adquirir.

Agora, reflita um pouco: quando o seu cliente digita o nome da sua empresa, o que ele encontra?

A PARTIR DESSES NOVOS PADRÕES DE CONSUMO E COMPORTAMENTO QUE ANTECEDEM UMA COMPRA, O MARKETING DIGITAL PERMITE ATRAIR INTERESSADOS EM SEUS SERVIÇOS/PRODUTOS POR MEIO DE UM CONTEÚDO DE QUALIDADE, DE MODO A CONVERTER ESSE CONSUMIDOR EM UM FUTURO CLIENTE.

Um cliente satisfeito é o melhor advogado que sua marca pode ter. O cliente é o herói das suas narrativas, das suas vendas. Afinal, ele carrega em suas mãos um universo de possibilidades, podendo a todo tempo comparar preços e qualidade entre as marcas. E, nesse contexto, a internet e as redes sociais oferecem a oportunidade de você se aproximar dele, horizontalizando o relacionamento como nunca na história.

---

[24] EM 2010, Steve Jobs já tinha alertado para a privacidade na internet e Mark Zuckerberg estava a assistir. **Observador**, 28 mar. 2018. Disponível em: https://observador.pt/2018/03/28/em-2010-steve-jobs-ja-tinha-alertado-para-a-privacidade-na-internet-e-mark-zuckerberg-estava-a-assistir/. Acesso em: 22 nov. 2023.

O escritor e futurista estadunidense, Alvin Tofler, afirmou: "O analfabeto do século XXI não será aquele que não consegue ler e escrever, mas aquele que não consegue aprender, desaprender e reaprender".[25] Percebe a urgência de adaptar o seu negócio a esses novos tempos, a esse novo tipo de cliente?

COMPORTAMENTO DE QUEM COMPRA

É importante, já que neste capítulo estamos falando da mudança pela qual o cliente passou, dar uma olhadinha como é o comportamento atual de quem compra. Ter essas informações nos ajuda a traçar estratégias para alcançar e cativar o cliente.

Descoberta

O primeiro passo para a verdadeira compra é a descoberta! Por quê? É que, em geral, o consumidor não sabe que tem um problema, não sabe que tem uma necessidade e, assim, ele ainda está despertando o interesse em algo. Nesse contexto, a descoberta é quando ele vê algo que o atrai.

Reconhecimento

Depois da descoberta, o cliente começa a reconhecer a necessidade, a enxergar por meio da sua comunicação, da sua fala, do seu marketing, das suas histórias como ele precisa da solução que você lhe oferece. O foco é que ele pense: *Realmente preciso desse produto ou serviço!*

A partir daí, ele começa a buscar a conexão, seguir você, estar mais próximo de você.

---

[25] TOFFLER, A. **A terceira onda**. Rio de Janeiro: Record, 1980.

Oportunidade

Depois que o cliente reconhece que necessita da sua solução, ele precisa enxergar a oportunidade. Ele já pesquisou, mapeou, conferiu tudo sobre você e sobre a solução que você oferece. Sabe por que ele fez isso? Porque enxergou em você uma oportunidade.

Compra

Finalmente, depois de descobrir, reconhecer e vislumbrar uma oportunidade (e claro, após muita pesquisa), o cliente decide efetivamente comprar de você. Perceba que essa é uma jornada em que você precisa estar atento e deixar cada etapa pronta para potencializar a possibilidade de concretizar a venda.

Fã

Depois de passar por toda essa jornada, o cliente (se estiver satisfeito com seu produto ou serviço) tende a se tornar seu fã. É hora de continuar encantando-o e, se a experiência foi realmente positiva e transformadora para ele, você terá um verdadeiro defensor da sua marca, que terá o maior prazer em ajudar a divulgar seu negócio.

O CLIENTE DETÉM O PODER

Atualmente, o consumo se tornou, de certo modo, solitário. O consumidor consegue buscar preços melhores sem ter que ficar pedindo desconto ao vendedor, por exemplo. Aliás, ele, muitas vezes, nem precisa do vendedor para dar informações do produto/serviço. Isso acontece porque o próprio consumidor já pesquisa a qualidade do produto ou da empresa. Sabe como? Na internet. Ele verifica a reputação da sua empresa por meio de sites de reclamação e até mesmo por meio das redes sociais, quando analisa o feedback de outros clientes.

Ou seja, apenas atender bem o seu cliente já não é mais suficiente. Agora, também é necessário atender bem a todos e resolver problemas com muita agilidade e gerar valor para o consumidor. Uma simples postagem negativa a respeito de um atendimento de baixa qualidade ou um problema com uma compra pode destruir a reputação de uma empresa.

A tecnologia deu poder ao cliente, e o empreendedor precisa saber lidar com essa realidade. Para tanto, é urgente uma mudança de mentalidade – tema, aliás, do próximo capítulo.

ONDE ESTÁ SEU ERRO?

Vamos praticar um pouco o que vimos neste capítulo?

ANALISE A JORNADA PELA QUAL O CLIENTE PASSA PARA EFETIVAR UMA COMPRA COM VOCÊ. EM QUAL ETAPA VOCÊ ESTÁ SE SAINDO BEM?

....
....
....
....
....
....
....

EM QUAL ETAPA VOCÊ ESTÁ PERDENDO VENDAS?

....
....
....
....
....
....

O QUE VOCÊ PODE MELHORAR EM CADA UMA DAS ETAPAS?

....

....

....

....

....

....

....

....

"

A TECNOLOGIA DEU PODER AO CLIENTE, E O EMPREENDEDOR PRECISA SABER LIDAR COM ESSA REALIDADE.

"

CAPÍTULO 3

A NECESSIDADE DE UMA NOVA MENTALIDADE

Sim, mudar não é fácil, fazer uma restruturação é desgastante e organizar os negócios é cansativo. Mas, quando a dor do problema fica maior que o próprio problema, é inevitável resolver a situação.

Talvez seja desafiante para você reconhecer a urgência da transformação digital na sua empresa e, por isso, está pensando em adiar a mudança. Tire isso da sua cabeça. Comece. Simplesmente dê o primeiro passo. O melhor momento para uma transformação é agora! Neste livro, você está tendo acesso a ferramentas maravilhosas para colocar todas essas mudanças em prática. Acredite em você tanto quanto eu acredito e arregace as mangas!

Pode ser que você esteja enfrentando alguma restrição no orçamento e, embora muitas mudanças exijam investimento, isso não quer dizer que você está participando de uma corrida. Ao fazer seu planejamento, considere a sua realidade, identifique até onde sua empresa pode ir. Monte estratégias de curto, médio e longo prazo. Não coloque seu negócio em risco com questões orçamentárias.

Você também pode começar a transformação pelas pessoas. Invista na mudança da mentalidade delas por meio de treinamentos. Valorize e estimule a participação coletiva, a criatividade e a proatividade dos colaboradores para a conquista da cultura digital. Organize estratégias para incentivá-los a buscar soluções que vão acelerar as mudanças. A colaboração da sua equipe é essencial para descobrir novas maneiras de pensar e trabalhar.

NO FIM, O RESULTADO É ANIMADOR: A PRODUÇÃO DOS COLABORADORES É OTIMIZADA, O CLIENTE FICA SATISFEITO, A SUA EMPRESA GANHA VISIBILIDADE E OS LUCROS VÃO LÁ PARA CIMA. OU SEJA: VALE MUITO A PENA MEXER UMA COISA AQUI, DERRUBAR OUTRA ALI E FAZER SUBSTITUIÇÕES. É BEM PARECIDO COM REFORMA DE CASA: ATRAPALHA UM POUCO NO COMEÇO, MAS DEPOIS É SÓ FELICIDADE.

A DESCONSTRUÇÃO DE MODELOS MENTAIS

Mais do que alinhar conhecimentos, você vai precisar se desapegar dos conhecimentos que tem hoje e buscar novos. Vai precisar renunciar à bagagem que carrega, descartando o velho, o desatualizado, o que já foi aprendido, e abrir-se para o novo. Você não precisa fazer lavagem cerebral, e sim uma triagem para descartar aquelas ideias e pensamentos que o conduz a repetir comportamentos e padrões.

Na reaprendizagem, você vai poder tomar conhecimento de algo que já se sabe, mas de um jeito novo. É um convite à desconstrução de padrões mentais desatualizados, descontextualizados, assimilados ao longo de sua trajetória e que moldaram a maneira como respondeu às situações até agora.

No *Hyper Learning*, Edward Hess,[26] um escritor estadunidense com mais de trinta anos de experiência no mundo dos negócios, afirmou que "toda aprendizagem acontece por meio de reflexões

---

[26] HESS, E. D. **Hyper learning**. Oakland: Berrett-Koehler Publishers, 2020.

profundas ou em conversas com os outros". Nas relações de interatividade, confrontamos e somos confrontados com opiniões diferentes, o que nos permite remodelar nossos modelos mentais de modo a desenvolver um novo olhar sobre as coisas. É isso que estamos fazendo aqui.

Há alguns modelos mentais no marketing que precisam ser desconstruídos antes de uma empresa se comprometer a fazer uma transição para o digital, como:

- aversão a novas tecnologias;
- negligência com novos conhecimentos;
- despreocupação com sustentabilidade;
- aversão a dar e receber feedback;
- posição de defensiva;
- falta de visão multicultural.

É possível que, neste momento, você esteja se perguntando: "Por que desaprender algo que trabalhei duro para aprender e que está funcionando muito bem?".

A resposta é simples. A capacidade do cérebro para aprendizado é finita e, para aprender algo novo, é preciso abrir espaço. Isso apenas é possível descartando informações que não fazem mais sentido.[27] É como um aplicativo que precisa de atualizações e, para tanto, exige também um novo sistema operacional.

Ter uma nova mentalidade é fundamental em um momento de transição para o digital, e entender essa necessidade é o primeiro passo para que você consiga ter sucesso nessa mudança. O segundo passo é conhecer o funcionamento do cérebro e da mente como fator determinante para alcançar esse objetivo.

---

[27] EAGLEMAN, D. **Incógnito**: as vidas secretas do cérebro. Rio de Janeiro: Rocco, 2012.

“

A COLABORAÇÃO DA SUA EQUIPE É ESSENCIAL PARA DESCOBRIR NOVAS MANEIRAS DE PENSAR E TRABALHAR.

”

@moisesramos.me

COMO O CÉREBRO FUNCIONA

Cérebro e mente são coisas distintas. Enquanto o primeiro é o hardware, o segundo é o software; e é este que deve comandar o hardware, não o contrário. Assim, nosso espírito precisa ser forte, resiliente e persistente, pois, quando chega aquela mensagem negativa e desanimadora do cérebro, ela precisa contornar a objeção e fazer você seguir em frente, rumo à vitória.

O cérebro humano é uma máquina potente, apta a comandar o corpo – que, por sua vez, também é uma máquina complexa. Contudo, por conta do processo evolutivo da espécie humana, o cérebro foi programado para sempre buscar o conforto e a fuga de conflitos.[28] O cérebro humano tem uma longa história evolutiva que remonta aos nossos ancestrais primitivos e, durante grande parte desse tempo, a sobrevivência era uma preocupação constante, com ameaças como previsões, falta de alimentos e outros perigos naturais representando riscos significativos. O cérebro evoluiu para desenvolver mecanismos de resposta ao estresse, conhecidos como resposta de luta ou fuga que eram essenciais para lidar com ameaças iminentes.

Esses mecanismos de resposta ao estresse são mediados pelo sistema nervoso autônomo, que desencadeia uma série de observações físicas e mentais para preparar o corpo para enfrentar uma ameaça. Embora a sociedade moderna tenha evoluído significativamente e muitas das alterações físicas imediatas tenham diminuído, o cérebro humano ainda retém esses mecanismos de resposta ao estresse.

Atualmente, as ameaças que enfrentamos podem ser mais abstratas, como pressão no trabalho, preocupações financeiras, ou mesmo sociais. No entanto, o cérebro muitas vezes interpreta esses estímulos como ameaças potenciais, desencadeando respostas de estresse

[28] *Idem.*

semelhantes às que foram úteis para lidar com previsões há milhares de anos.

Além disso, o cérebro humano é altamente adaptável, mas as mudanças evolutivas ocorrem em uma escala de tempo muito mais longa do que o ritmo das mudanças sociais e tecnológicas. Assim, o cérebro pode não ter se adaptado completamente ao ambiente moderno, ativando respostas de estresse em situações que não representam ameaças imediatas à sobrevivência.

Quando uma adversidade surge, mesmo que os resultados positivos de sua superação sejam evidentes, o cérebro manda uma mensagem para o corpo dizendo que não vale a pena se envolver naquele tipo de situação, pois vai dar trabalho. Afinal, o cérebro é programado para economizar energia.

Essa economia nos leva à famosa zona de conforto, algo que devemos nos esforçar para superar se, de fato, desejarmos ser referência no mercado digital e construir um relacionamento consistente com o público-alvo. Esse passo exige que algumas barreiras sejam quebradas, e alguns bloqueios, superados.

Quando somos crianças, nossos pais, visando nosso bem-estar, nos protegem, mantendo-nos na zona de conforto. Eles fazem isso por amor. Não percebem como tal atitude pode complicar nossa vida quando crescemos e precisamos enfrentar o predador chamado mercado de trabalho.

Outro bloqueio significativo que é construído durante a infância é o famigerado "não converse com estranhos". Quando nossos pais nos dizem isso, estão bloqueando a possibilidade de construirmos conexões, o que é fundamental para a sobrevivência em sociedade e, principalmente, para a construção do sucesso.

Você pode até pensar que essa atitude nos protegeu de pessoas perigosas, mas o efeito colateral dela é que a maioria de nós tem dificuldade de estabelecer um diálogo positivo e conhecer pessoas e suas reais intenções.[29] Garanto a você: toda semana, faço novas conexões, e isso me permite me manter relevante em minha atividade profissional. E isso só é possível quando desenvolvemos as conexões a partir da escuta ativa.

A escuta ativa é uma habilidade de comunicação crucial que envolve prestar atenção completa, compreender, lembrar e responder ao que está sendo dito por outra pessoa. É uma forma de comunicação onde o ouvinte não apenas "ouve" as palavras faladas, mas também demonstra interesse genuíno, compreensão e empatia na relação com o falante.

Aqui estão alguns elementos-chave da escuta ativa:

- Preste atenção: foque totalmente na pessoa que está falando.
- Evite distrações e interrupções:
  » Demonstre que está ouvindo: use uma linguagem corporal aberta e receptiva como manter contato visual, inclinar-se levemente para frente e acenar com a cabeça ocasionalmente.
  » Interaja: responda ao que foi dito, seja por meio de perguntas para esclarecimento, ou comentários que mostram compreensão ou respostas empáticas.
  » Paráfrase: repita ou resuma o que foi dito pelo falante para confirmar a compreensão mútua.
- Evite interrupções precipitadas: permita que uma pessoa termine de falar antes de responder.
- Mostre empatia: demonstre compreensão emocional e que você se importa com os sentimentos e experiências do falante.

A escuta ativa é valiosa em vários contextos, incluindo relações pessoais, profissionais e terapêuticas. Ela promove uma comunicação mais eficaz, constrói relacionamentos mais sólidos e ajuda a

---

[29] VIE, L. **O poder da escuta ativa**. *E-book.*

evitar mal-entendidos. Livre-se dessa limitação, e você perceberá a diferença que fará em sua vida e em seus negócios. Ao praticar a escuta ativa, você demonstra respeito e consideração pelo ponto de vista do outro.

Perceba como o cérebro costuma plantar medo em nós (e a nossa mente geralmente o rega). Novamente, ele faz isso para nos acondicionar na zona de conforto, a fim de economizar energia e nos manter a salvo dos perigos do mundo exterior.

Entretanto, não vivemos mais em um mundo primitivo, dominado por animais ferozes que agem como nossos predadores. Ok, esses animais ainda existem, mas o ser humano foi capaz de erigir uma civilização que nos protegesse dos perigos naturais, e por isso é importante superarmos os mecanismos de defesa que o cérebro desenvolveu para a sobrevivência dos nossos antepassados em um ambiente bastante peculiar.

Superar os gatilhos mentais é vital para obter sucesso não apenas na construção de uma estratégia de marketing digital, mas para tudo na vida.

DISCIPLINA, CONSISTÊNCIA E COMPROMETIMENTO

Agora que você já entende como o cérebro foi programado para economizar energia e nos manter longe do perigo, na zona de conforto, fica mais fácil entender por que é tão difícil ter de passar por uma mudança. É uma atividade que exige esforço diário, até que se torne um hábito.

Para ter sucesso em sua estratégia de marketing digital, é preciso disciplina, cujo pilar é a consistência. Ser consistente significa manter uma regularidade na criação e na postagem de conteúdos relevantes para o seu público-alvo, por exemplo. Afinal, de nada adianta postar um dia e passar uma semana sem postar nada, ou atingir um bom número de visualizações e transformar esse fato em zona de conforto, relaxando na consistência das postagens.

Além disso, a consistência também diz respeito à manutenção da qualidade do conteúdo produzido e compartilhado com seu público. Postar por postar não significa nada. Seu conteúdo precisa ter relevância não apenas no início, quando você está começando a construir sua audiência, mas mantê-la quando você já atingiu um patamar superior. O público não é bobo e percebe a queda na qualidade, e construir uma boa audiência não é garantia de manutenção dela, caso o pilar da consistência não seja respeitado.

Para ilustrar o que estou dizendo, vou citar um exemplo pessoal. Faço lives todos os dias, principalmente durante algum programa específico. Não é nada fácil ter conteúdo diário para transmitir ao vivo, sem direito a erros e cortes, mas eu consegui atingir essa regularidade (ou consistência, se você preferir) me exercitando. Depois de fazer lives seguidas (de segunda a sexta) durante sessenta dias, consegui incorporar esse hábito de maneira disciplinada. Entenda: ninguém é capaz de vencer seus principais obstáculos sem uma boa dose de disciplina, persistência e consistência.

A ideia de que são necessários vinte e um dias para formar um hábito é popular, mas pesquisas mais recentes sugerem que o tempo pode variar significativamente de pessoa para pessoa e depende da complexidade da atividade.

O tempo necessário para formar um hábito foi explorado pela dra. Phillipa Lally e sua equipe em um estudo de 2009, publicado no *European Journal of Social Psychology*.[30] Uma pesquisa indicou

---

[30] LALLY, P. *et al.* How are habits formed: modelling habit formation in the real world. **European journal of social psychology**, v. 40, n. 6, p. 998–1009, 2010. Disponível em: https://onlinelibrary.wiley.com/doi/epdf/10.1002/ejsp.674. Acesso em: 24 nov. 2023.

que os participantes levaram, em média, cerca de 66 dias para estabelecer um novo hábito, mas houve variações significativas, indo de 18 a 254 dias.

Portanto, a formação de hábitos é um processo individual que depende de vários fatores, incluindo a complexidade da atividade, a aplicação pessoal e a consistência na prática.

Se você está interessado em formar um hábito específico, concentre-se na consistência diária e não se preocupe muito com um número específico de dias. A chave é manter a prática regular e ajustar conforme necessário, regularizando que todos tenham seu ritmo próprio para estabelecer novos comportamentos.

OUTRO PILAR IMPORTANTE É O COMPROMETIMENTO. O POTENCIAL OFERECIDO PELA INTERNET SE TORNA INEFICAZ QUANDO NÃO HÁ COMPROMETIMENTO POR PARTE DE QUEM PRECISA ESTABELECER UMA ESTRATÉGIA CONSISTENTE DE MARKETING DIGITAL. COMPROMETER-SE COM O PRÓPRIO SUCESSO É FUNDAMENTAL.

Pense no deserto. É um local naturalmente inóspito. Além de ser um imenso campo aberto e com dias muito quentes, o sol escaldante a pino, é também um lugar de solidão e, portanto, de confrontamento interior. Quando em um deserto, a pessoa tem a oportunidade de colocar à prova suas próprias capacidades, limitações, seus talentos e sua força de vontade – ou seja, sua disciplina e consistência.

A disciplina, a constância e o comprometimento desempenham papéis essenciais na busca do conhecimento e na mudança de mentalidade. Veja a seguir algumas maneiras pelas quais esses elementos podem favorecer esse processo.

- Rotina disciplinada: estabelecer uma rotina diária ou semanal dedicada à aprendizagem cria hábitos consistentes que facilitam a assimilação do conhecimento ao longo do tempo.
- Definir metas claras: defina metas educacionais específicas e possíveis. A disciplina é fundamental para trabalhar consistentemente em direção a essas metas, superando desafios ao longo do caminho.
- Persistência em face de desafios: a constância é crucial quando surgem obstáculos. Encarar desafios como oportunidades de aprendizado, em vez de obstáculos intransponíveis, pode fortalecer sua resiliência.
- Comprometimento com o aprendizado contínuo: o comprometimento implica uma abordagem de longo prazo para a busca do conhecimento. Aceitar que o aprendizado é um processo contínuo e comprometer-se a se aperfeiçoar constantemente pode contribuir para a mudança de mentalidade.

Na era da informação, manter o foco requer autodisciplina para evitar distrações on-line e concentrar-se no aprendizado significativo. O comprometimento com a mudança de mentalidade envolve aceitar que o conhecimento está sempre evoluindo, por isso, estar aberto a ajustar suas intenções à luz de novas informações é uma parte fundamental desse comprometimento. É preciso estar disposto a questionar e expandir as próprias opiniões. A disciplina e o comprometimento podem ajudar a superar resistências à mudança de mentalidade, permitindo uma abertura para novas ideias e perspectivas.

Se comprometa a compartilhar o conhecimento adquirido. Ensinar o que você aprendeu não apenas consolida seu próprio entendimento, mas também contribui para a comunidade de aprendizado.

Ao integrar disciplina, constância e comprometimento na busca do conhecimento, você cria um ambiente propício para a transformação pessoal e o desenvolvimento contínuo. Esses atributos não apenas facilitam a aquisição de conhecimento, mas também promovem uma mentalidade aberta e adaptável, essencial para o aprendizado ao longo da vida.

Note que o comprometimento vem para fechar um círculo virtuoso composto também pela disciplina e consistência. Comprometer-se é uma maneira de garantir a si mesmo que todo o resto vai funcionar. Se o comprometimento é o início de tudo, a disciplina é o processo, e a consistência, a porta que o permite sair do deserto e alcançar o sucesso em sua estratégia de marketing digital.

Com o estabelecimento desse círculo virtuoso, é possível atingir alto nível de produtividade. Produzindo com qualidade e consistência (voltamos a ela), o círculo é reativado e o sucesso, mantido.

Não existe fórmula mágica. O que existe é um processo, uma construção. Assim, não desanime se demorar a ver os resultados que você almeja. Nenhuma construção tem suas paredes erguidas antes do alicerce, ou o telhado antes das paredes, ou, ainda, o acabamento antes de que tudo esteja de pé.

Sei que atingir esse nível de conscientização não é fácil, mas garanto que é possível. Este livro e minha vida, assim como a de centenas de pessoas mentoradas por mim, comprovam isso.

"

**SE O COMPROMETIMENTO
É O INÍCIO DE TUDO,
A DISCIPLINA É
O PROCESSO, E A
CONSISTÊNCIA, A
PORTA QUE O PERMITE
SAIR DO DESERTO E
ALCANÇAR O SUCESSO
EM SUA ESTRATÉGIA DE
MARKETING DIGITAL.**

"

@moisesramos.me

CAPÍTULO 4

COMO FUNCIONA O MARKETING DIGITAL

Muito além da mídia paga, o marketing digital exige muito mais que uma fatia do seu bolso para investir em propaganda paga nas redes sociais. Não se trata só de aumentar a visibilidade do seu negócio, conseguindo mais curtidas e comentários. Afinal, eles não pagam as contas, não é?

O marketing digital deve ser encarado de modo profissional. Divulgar uma foto ou outra no perfil não é necessariamente uma estratégia de marketing digital. É preciso estruturar as ações com planejamento, estratégia e expertise – os três pilares do marketing digital, que são divididos da seguinte maneira:

- 40% planejamento;
- 40% estratégia;
- 20% expertise.

Encare deste modo: o marketing digital é como um iceberg em que a parte exposta são as postagens e a exibição do trabalho em si, e a parte submersa é todo o trabalho de planejamento e estratégia.

[31] WALTON, S.; HUEY, J. **Sam Walton**: made in America. Rio de Janeiro: Alta Books, 2017.

Existem alguns conceitos que o empreendedor deve conhecer para que consiga se consolidar no mundo digital e realmente faturar com a internet. Vamos analisá-los a seguir.

BRANDING

De modo resumido, branding é como você constrói a identidade e a imagem da sua empresa. É a personalidade dela. Envolve o nome, o logotipo, a reputação e até mesmo como as pessoas se sentem em relação à sua marca. É o que faz o seu negócio ser reconhecido e lembrado. É como vestir uma "roupa" em seu negócio e deixá-lo único.

Assim, branding é a sua marca e, para vender, você precisa:

- mostrar quem é você;
- qual é a sua marca (que pode ser resumida em: memória, alcance, relacionamento, conexão/coração);
- o que você faz;
- como sua marca se comunica;
- de que modo você pode ajudar as pessoas.

Uma marca vai além de um simples logotipo ou nome; é a experiência geral que os consumidores têm com uma empresa, produto ou serviço. O branding envolve a definição da identidade da marca, sua imagem, valores, posicionamento no mercado e a forma como ela se comunica com seu público-alvo.

CARACTERÍSTICAS DO BRANDING

- Identidade da marca: isso inclui o logotipo, núcleos, tipografia e outros elementos visuais que compõem a representação gráfica da sua marca.

- Valores da marca: os valores fundamentais que a sua marca defende. Isso pode incluir compromissos éticos, responsabilidade social ou princípios específicos.
- Posicionamento de mercado: como sua marca se diferencia da concorrência e como é percebida pelos consumidores em relação a outros produtos ou serviços semelhantes.
- Experiência do cliente: a forma como os clientes interagem e vivenciam sua marca ao longo de sua jornada, desde a descoberta até a compra e a fidelização.
- Comunicação da marca: as mensagens e a linguagem usada para se comunicar com o público-alvo. Isso inclui publicidade, mídias sociais, marketing de conteúdo, entre outros.
- Consistência: a consistência na apresentação da sua marca é crucial para criar confiança e reconhecimento. Isso se estende desde a aparência visual até a mensagem e a experiência do cliente.
- Reputação da marca: a percepção que os consumidores têm da marca com base em suas experiências, opiniões e avaliações.
- Ciclo de vida da marca: o branding também envolve uma adaptação da marca ao longo do tempo, para acompanhar as mudanças no mercado, nas tendências e nas necessidades dos consumidores.
- Engajamento do cliente: a interação ativa e envolvimento dos clientes com a marca. Isso pode incluir participação em redes sociais, feedback, comentários e outros tipos de interação.

Uma estratégia de branding eficaz cria uma conexão emocional entre a marca e seu público, construindo confiança e lealdade ao longo do tempo. Uma marca forte não é apenas reconhecida, ela é valorizada pelos consumidores, o que pode influenciar significativamente nas decisões de compra.

Criar o branding de uma empresa é um processo estratégico que envolve a definição de cuidados com a identidade da marca, posicionamento no mercado e a forma como ela será percebida pelos consumidores. Alguns passos essenciais para criar o branding de uma empresa são:

- Experiência do cliente: considere todos os pontos de contato do cliente, desde a primeira interação até a compra e além. Certifique-se de que a experiência seja consistente e homologada com a identidade da marca.
- Desenvolva estratégias de marketing: explore estratégias de marketing digital, incluindo mídias sociais, marketing de conteúdo e SEO para promover sua marca on-line. Planeje campanhas de lançamento para apresentar sua marca ao mercado.
- Avalie e adapte continuamente: ouça o feedback dos clientes e ajuste sua estratégia de branding conforme necessário. Estabeleça métricas para medir o desempenho de sua marca e ajustes de fachada com base nos resultados.

LEMBRE-SE: O BRANDING É UM PROCESSO CONTÍNUO. À MEDIDA QUE A EMPRESA EVOLUI, A IDENTIDADE DA MARCA PODE PRECISAR SER AJUSTADA PARA REFLETIR ESSAS MUDANÇAS. A CONSISTÊNCIA E AS PECULIARIDADES SÃO ESSENCIAIS PARA CONSTRUIR UMA MARCA SÓLIDA E RIGOROSA.

REDES SOCIAIS

Redes sociais para o marketing são ferramentas poderosas de comunicação nos dias de hoje. Elas permitem que as empresas se conectem com seu público-alvo, compartilhem conteúdo, promovam produtos ou serviços e construam relacionamentos. É como ter uma vitrine virtual para mostrar o que sua empresa tem a oferecer e interagir com clientes em potencial. É uma maneira informal (se comparada aos meios de comunicação tradicionais), direta e eficaz de se envolver com as pessoas e construir a presença on-line da sua marca.

Segundo o Ibope Inteligência,[32] 140 milhões de brasileiros estão nas redes sociais. Imagine só "abocanhar" nem que seja 1% dessa fatia.

COPYWRITING

Copywriting é a arte de escrever textos persuasivos que têm o objetivo de cativar, convencer e motivar as pessoas a agirem. Geralmente, é usado em marketing e publicidade para criar anúncios, e-mails, páginas de vendas e outros tipos de conteúdo que estimulam as pessoas a comprar produtos, aderir a serviços ou realizar ações específicas. Um bom copywriting usa palavras de maneira criativa e estratégica para contar uma história, destacar benefícios e resolver problemas, tudo com o intuito de engajar o leitor e levá-lo a tomar uma ação desejada. É uma habilidade fundamental no mundo do marketing.

BUSINESS INTELLIGENCE

Business intelligence é como ter superpoderes de análise de dados para os negócios. Envolve a coleta, organização e análise de informações relacionadas a uma empresa, com o objetivo de tomar decisões mais bem fundamentadas. É como ter um "espião" digital que o ajuda a entender o que está acontecendo no seu negócio. Com o business intelligence, você identifica tendências, avalia o desempenho, prevê resultados e, assim, direciona estratégias com base em dados sólidos, melhorando a eficiência e a competitividade da sua empresa.

[32] INFLUENCIADORES entram na pauta do empreendedorismo. **SEBRAE**, 11 ago. 2023. Disponível: https://agenciasebrae.com.br/cultura-empreendedora/influenciadores-entram-na-pauta-do-empreendedorismo. Acesso em: 12 nov. 2023. ·

BRANDED CONTENT

Branded content, de modo resumido, tem a ver com o conteúdo que combina publicidade e entretenimento ou informação. É quando uma marca cria ou patrocina conteúdo, como vídeos, artigos, podcasts ou até mesmo eventos que são relevantes para o público-alvo, em vez de promover diretamente um produto ou serviço. A ideia é envolver as pessoas de maneira mais sutil, construindo uma conexão com a marca por meio da qualidade do conteúdo. Ainda em crescimento no Brasil, o branded content é uma maneira mais natural e orgânica de apresentar a marca.

COMO SE POSICIONAR NO MARKETING DIGITAL

Escolher o marketing digital lhe fornece a flexibilidade de segmentar seu público-alvo com precisão, mensurar os resultados em tempo real e ajustar suas estratégias conforme necessário. Além disso, a presença nas mídias sociais oferecem oportunidades excepcionais para construir relacionamentos duradouros com os clientes.

Ciente de tudo isso, agora vou lhe apresentar algumas dicas que serão essenciais para que você se posicione no marketing digital.

Tenha uma marca forte

Uma marca forte não se resume a um nome e um logotipo. Nomes fáceis de memorizar têm potencial para se fixarem na mente do consumidor; logotipos com uma imagem ou símbolo atrativo, com identidade visual, também contam.

No entanto, ter uma marca forte também envolve diversos aspectos, como:

- Identidade: tenha uma identidade visual e uma voz de marca consistentes. Seja reconhecível e coerente em todos os pontos de contato.

- Histórias: use o poder das histórias para se conectar emocional-mente com seu público. As pessoas se lembram de narrativas envolventes.
- Qualidade e consistência: ofereça produtos ou serviços de alta qualidade e mantenha a consistência em tudo o que você faz.
- Inovação: esteja disposto a evoluir e inovar para se manter relevante no mercado.
- Confiança: seja transparente, cumpra promessas e trate os clientes com respeito.
- Engajamento: use as redes sociais para se conectar com seu público, ouça o feedback e seja ativo na comunicação.
- Parcerias: colabore com outras marcas ou outros influenciadores que se alinhem com seus valores.
- Avaliação e adaptação: esteja disposto a avaliar o desempenho da sua marca e fazer ajustes conforme necessário.

Lembre-se: construir uma marca forte leva tempo e esforço contínuo. É uma jornada, não um destino.

Estude seus concorrentes

Estudar a concorrência é fundamental para tomar decisões informadas no mundo dos negócios. E estas são algumas maneiras informais de fazer isso:

- Pesquisa on-line: explore os websites, blogs e redes sociais de seus concorrentes para entender como eles se apresentam on--line, quais produtos ou serviços oferecem e como interagem com os clientes.
- Adquira os produtos/serviços da concorrência: experimente o que seus concorrentes oferecem para ter uma ideia da qualidade, do atendimento ao cliente e do processo de compra deles.

- Analise as avaliações e feedback dos clientes da concorrência: verifique avaliações on-line, comentários de clientes e fóruns de discussão para entender as opiniões e experiências dos consumidores com relação aos seus concorrentes.
- Compare preços e ofertas: compare os preços, as promoções e ofertas da concorrência com os seus, a fim de avaliar a competitividade da concorrência.
- Participe de eventos do setor: conferências, feiras e eventos do setor podem fornecer informações valiosas sobre seus concorrentes e tendências do mercado.
- Realize pesquisas de mercado: ou encomende relatórios de pesquisa para obter informações detalhadas sobre o mercado e a concorrência.
- Mantenha-se atualizado: acompanhe notícias e atualizações relacionadas aos seus concorrentes, como lançamentos de produtos, expansões ou mudanças na equipe de gerenciamento.
- Use ferramentas on-line: há inúmeras que podem ajudar a rastrear a atividade on-line da concorrência, como análise de palavras-chave e métricas de mídia social.

Lembre-se de que o estudo da concorrência deve ser contínuo e estar alinhado com seus objetivos de negócios. Isso ajuda a identificar oportunidades e ameaças, bem como a ajustar sua estratégia de acordo.

Tenha um produto ou serviço exclusivo

Desenvolver um produto ou serviço exclusivo exige criatividade e um planejamento sólido. Estas dicas vão ajudar você:

- Compreenda seu público-alvo: conheça as necessidades, os desejos e problemas de seu público em profundidade. Isso é fundamental para criar algo que resolva seus problemas ou atenda as suas aspirações de maneira única.

- Identifique lacunas no mercado: pesquise e encontre áreas não atendidas ou oportunidades não exploradas. Pergunte a si mesmo: "O que está faltando no mercado que eu possa oferecer?".
- Inove: pense fora da caixa e esteja disposto a inovar. Explore novas tecnologias, novos materiais, métodos ou processos que podem diferenciar seu produto ou serviço.
- Desenvolva uma proposta única de valor (PUV): sua PUV é o que torna seu produto ou serviço especial. Pode ser uma característica exclusiva, um preço competitivo, um design diferenciado ou um atendimento excepcional.
- Invista em qualidade: garanta que seu produto ou serviço seja da mais alta qualidade. A excelência na entrega é fundamental para criar uma reputação de exclusividade.
- Construa uma marca forte: uma marca sólida e autêntica ajuda a destacar seu produto ou serviço. Trabalhe na identidade da marca, no design e na narrativa.
- Teste e obtenha feedback: antes de lançá-lo, teste seu produto ou serviço com um grupo de pessoas. Isso ajuda a identificar possíveis melhorias e a refinar sua oferta.

Um produto exclusivo refere-se a um item que é único, diferenciado e geralmente não está amplamente disponível no mercado. Esse tipo de produto se destaca pela sua singularidade em termos de design, funcionalidade, qualidade ou outros atributos que o diferenciam da concorrência. Se você tem uma papelaria, pode ter um catálogo de cadernos e fichários da sua região com exclusividade de determinada marca, por exemplo.

Tenha um atendimento excelente

Oferecer um atendimento excepcional envolve proporcionar uma experiência positiva e satisfatória para os clientes. A seguir você encontrará algumas características de um atendimento desse tipo:

- Empatia: compreender as necessidades e preocupações dos clientes, mostrando que você se importa com eles.
- Comunicação eficaz: escutar atentamente as perguntas e preocupações dos clientes e responder de maneira clara e útil.
- Rapidez: responder prontamente a consultas ou resolver problemas de modo eficiente.
- Conhecimento: ter um profundo entendimento dos produtos ou serviços que está oferecendo, para fornecer informações precisas.
- Cortesia: tratar os clientes com respeito e consideração, independentemente da situação.
- Resolução de problemas: ser capaz de encontrar soluções para problemas ou reclamações dos clientes de maneira eficaz.
- Personalização: adaptar o atendimento às necessidades individuais dos clientes sempre que possível.
- Acompanhamento: seguir o atendimento, garantindo que os clientes estejam satisfeitos com a solução ou o serviço prestado.
- Feedback: coletar feedback dos clientes para melhorar constantemente o atendimento e os produtos ou serviços oferecidos.
- Consistência: manter um alto padrão de atendimento em todas as interações, seja pessoalmente, por telefone, por e-mail ou on-line.

Um atendimento excelente cria clientes satisfeitos, fidelidade à marca e, muitas vezes, boca a boca positivo, o que é essencial para o sucesso de qualquer negócio.

Um tatuador, por exemplo, pode se destacar pela atenção dada a cada projeto individual de tatuagem criado sob medida, além dos cuidados com a segurança do cliente e as orientações para a cicatrização.

Tenha o melhor custo-benefício

Isso significa obter o maior valor possível em relação ao custo investido, o que envolve equilibrar o preço de um produto ou serviço com a qualidade e os benefícios que oferece. Aqui estão alguns pontos-chave:

- Qualidade *versus* preço: o melhor custo-benefício muitas vezes envolve encontrar um produto ou serviço que oferece alta qualidade a um preço razoável.
- Durabilidade e longevidade: produtos ou serviços que duram mais tempo ou que têm uma vida útil mais longa geralmente oferecem melhor custo-benefício.
- Eficiência: produtos ou serviços que economizam tempo, recursos ou energia podem ser uma escolha econômica a longo prazo.
- Atender às necessidades: ter o melhor custo-benefício também significa escolher algo que atenda às suas necessidades específicas. Às vezes, pagar um pouco a mais por um produto que faz exatamente o que você precisa pode ser mais vantajoso.
- Avaliar custos ocultos: além do preço de compra, leve em consideração custos adicionais, como manutenção, reparos, peças de reposição etc.
- Pesquisa e comparação: comparar diferentes opções, ler avaliações e pesquisar antes de tomar uma decisão pode ajudar a encontrar o melhor custo-benefício.

Lembre-se de que o que representa o melhor custo-benefício pode variar de pessoa para pessoa, pois depende de prioridades e necessidades individuais. Portanto, é importante considerar circunstâncias específicas ao avaliar o custo-benefício que seu produto pode oferecer.

Tenha um espaço exclusivo

Manter um espaço exclusivo de atendimento pode ser importante para criar uma experiência única para seus clientes. Seguem algumas dicas para alcançar isso:

- Identifique um local apropriado: escolha um lugar que seja conveniente para seus clientes e que reflita a sua marca. Pode ser um escritório, uma sala de reuniões ou até mesmo um espaço virtual, dependendo do seu negócio.
- Design e decoração exclusivos: crie um ambiente que represente a identidade da sua marca. Use cores, elementos de design e decoração consistentes com a sua mensagem.
- Atendimento personalizado: treine sua equipe para oferecer um atendimento excepcional e personalizado. Conheça os clientes pelo nome e esteja atento às suas preferências.
- Tecnologia e recursos: invista em tecnologia que melhore a experiência de atendimento, como sistemas de reservas on-line, equipamentos de comunicação avançados e recursos interativos.
- Privacidade e conforto: garanta que o espaço ofereça privacidade e conforto para os clientes. Isso pode incluir áreas de espera aconchegantes, salas de reuniões bem equipadas ou plataformas de atendimento on-line seguras.
- Comunique a exclusividade: deixe claro para os clientes que eles estão tendo acesso a um serviço ou espaço exclusivo. Isso pode ser feito por meio de comunicação direta, marketing e branding.
- Ofereça benefícios adicionais: considere oferecer benefícios exclusivos, como descontos especiais, brindes personalizados ou serviços adicionais que tornem a experiência mais memorável.
- Feedback constante: esteja aberto ao feedback dos clientes e use suas sugestões para melhorar continuamente o espaço e o atendimento.

A exclusividade no atendimento está relacionada à atenção aos detalhes e à criação de um ambiente no qual os clientes se sintam valorizados e especiais. Isso pode resultar em fidelização de clientes e vantagem competitiva.

Ofereça as melhores promoções

Promoções atrativas são ofertas especiais ou estratégias de marketing que despertam o interesse dos consumidores e os motivam a tomar uma ação, como comprar um produto ou usar um serviço. Elas são projetadas para serem cativantes e persuasivas. Alguns elementos que tornam as promoções atrativas incluem:

- Descontos significativos: oferecer descontos substanciais em produtos ou serviços é uma maneira eficaz de atrair consumidores.
- Brindes ou amostras grátis: oferecer brindes, amostras ou bônus adicionais com uma compra pode ser muito atraente.
- Prazo limitado: promoções com prazo definido, como "só hoje" ou "oferta válida até o final do mês", criam senso de urgência.
- *Bundles* ou combos: agrupar produtos relacionados e oferecê-los a um preço com desconto é uma estratégia popular.
- Concursos e sorteios: promoções que envolvem a participação dos clientes em concursos ou sorteios podem gerar entusiasmo. Mas, se atente às leis que regulamentam os sorteios on-line, elas podem variar significativamente de acordo com o país e a jurisdição específica. É crucial entender e cumprir as regulamentações locais ao realizar sorteios on-line para evitar questões legais. A seguir, listei algumas considerações gerais, mas lembre-se de que é essencial consultar um profissional jurídico local para obter orientações específicas para sua situação:
  - » Regras de publicidade e promoção: muitos países têm leis que regulamentam a publicidade e promoção, incluindo sorteios.

Essas leis podem abordar aspectos como transparência, honestidade e divulgação de informações relevantes para os participantes.

» Idade dos participantes: em muitas jurisdições, há restrições de idade para participar de sorteios. É necessário garantir que os participantes atendam aos requisitos de idade especificados.

» Termos e condições claros: é crucial dispor termos e condições claros e acessíveis que delineiem as regras do sorteio, como participar, prazos, critérios de elegibilidade, e como os vencedores serão escolhidos e notificados.

» Divulgação de informações pessoais: esteja ciente das leis de privacidade e proteção de dados ao coletar e usar informações pessoais dos participantes. Informe claramente como os dados serão usados e protegidos.

» Sorteios sem compromisso de compra: muitas jurisdições impedem a participação em sorteios sem a necessidade de uma compra, para evitar que sejam considerados jogos de azar.

» Impostos e regulamentações fiscais: considerar como leis fiscais relacionadas aos prêmios. Em alguns lugares, os vencedores podem ser responsáveis por pagar impostos sobre o valor do prêmio recebido.

» Registro de sorteios: alguns países ou estados podem exigir o registro antecipado de sorteios, especialmente se envolverem prêmios importantes.

» Responsabilidade jurídica: seja claro sobre a responsabilidade legal e as limitações de responsabilidade associadas ao sorteio. Isso pode incluir aspectos como acidentes durante a participação no sorteio ou questões relacionadas aos prêmios.

» Comprovação da legitimidade do sorteio: mantenha registros detalhados do processo do sorteio para poder comprovar sua legitimidade, caso seja necessário.

» Consultoria jurídica local: consulte um advogado local especializado em leis de promoção e sorteios para garantir conformidade total com as regulamentações locais.

É fundamental adaptar-se às regulamentações específicas de sua localidade e garantir que todas as práticas estejam em conformidade com as leis aplicáveis. O não cumprimento dessas leis pode resultar em prejuízos substanciais e prejudicar a confiança de sua empresa.

- Frete grátis: oferecer frete grátis para compras acima de um determinado valor é uma promoção atrativa, especialmente em compras on-line.
- Cashback ou recompensas: oferecer aos clientes a oportunidade de ganhar dinheiro de volta ou acumular pontos de recompensa por suas compras pode ser muito atrativo.
- Garantias sólidas: oferecer garantias de qualidade ou satisfação do cliente pode eliminar riscos percebidos na compra.
- Comunicação eficaz: transmitir claramente os benefícios da promoção, seja por meio de anúncios, marketing de conteúdo ou redes sociais, é fundamental.
- Segmentação: personalizar as promoções com base no histórico de compras ou preferências dos clientes pode torná-las mais atrativas.

Para ter sucesso com promoções atrativas, é preciso compreender seu público-alvo e escolher estratégias que realmente ressoem com ele. Além disso, é importante garantir que você possa cumprir as promessas feitas nas promoções para manter a confiança dos clientes.

Ferramentas digitais

Listei a seguir as ferramentas digitais que farão você alcançar visibilidade.

- Website profissional: tenha um website bem projetado, otimizado para dispositivos móveis e de fácil navegação. Seu site é a base da sua presença on-line.
- SEO (Otimização de Mecanismos de Busca): utilize boas práticas de SEO para que seu site apareça nos resultados dos mecanismos de busca. Isso inclui pesquisa de palavras-chave, otimização de conteúdo e construção de backlinks.
- Mídias sociais: esteja presente nas redes sociais relevantes para o seu público. Participe ativamente, compartilhe conteúdo útil e interaja com os seguidores.
- Marketing de conteúdo: crie conteúdo de alta qualidade e relevante para seu público-alvo. Isso pode incluir blogs, vídeos, infográficos, podcasts e muito mais.
- Publicidade on-line: considere investir em publicidade on-line, como anúncios no Google Ads, Facebook Ads e Instagram Ads, para alcançar um público mais amplo.
- E-mail marketing: construa uma lista de e-mails e envie boletins informativos ou ofertas exclusivas para manter os clientes engajados.
- Gestão de reputação on-line: monitore e gerencie as avaliações on-line e o feedback dos clientes para construir uma boa reputação on-line.
- Colaborações e parcerias: colabore com influenciadores ou outras marcas que tenham um público semelhante para expandir sua visibilidade.
- Google Meu Negócio: se você é um negócio local, verifique e otimize seu perfil no Google Meu Negócio para aparecer nos resultados de pesquisa local.
- Participação em comunidades on-line: engaje-se em fóruns, grupos e comunidades on-line relacionados ao seu setor para compartilhar conhecimento e construir relacionamentos.

- Monitoramento e análise: use ferramentas de análise para monitorar o desempenho on-line e ajustar suas estratégias com base nos resultados.
- Website responsivo: certifique-se de que seu site seja responsivo, ou seja, que ele se adapte a diferentes dispositivos, como smartphones e tablets, para uma melhor experiência do usuário.

A visibilidade on-line não é construída da noite para o dia. É um processo contínuo que requer esforço e dedicação. À medida que você implementa essas estratégias, sua visibilidade aumenta. Mantenha seu conteúdo e informações on-line atualizados para mostrar que seu negócio está ativo e relevante.

DECLARAÇÃO POSITIVA

CHEGOU O MOMENTO DE PRATICAR O QUE APRENDEU NESTE CAPÍTULO. REVEJA TODAS AS INFORMAÇÕES SOBRE COMO SE POSICIONAR NAS REDES SOCIAIS E, EM SEGUIDA, CITE AS CINCO ESTRATÉGIAS QUE VOCÊ CONSIDERA MAIS DESAFIADORAS.

....

....

....

....

....

....

....

....

AGORA, RECORDANDO O QUE FOI ABORDADO NO CAPÍTULO 3, SOBRE MUDANÇA DE MENTALIDADE, LEMBRE-SE DE QUE É POSSÍVEL

TRANSPOR AS BARREIRAS QUE A SUA MENTE E SEU CÉREBRO ESTÃO LHE IMPONDO. ESCREVA, COM INTENÇÃO E CERTEZA, A SEGUINTE FRASE: "COM DISCIPLINA, CONSISTÊNCIA E COMPROMETIMENTO, VOU VENCER ESSES OBSTÁCULOS, ME POSICIONAR NO MERCADO DIGITAL E SER MUITO BEM-SUCEDIDO!"

....

....

....

....

....

Sabendo como funciona o marketing digital, o próximo passo é pensar no que você vende, qual a sua marca. Somente assim você conseguirá criar relacionamentos profundos com seus clientes e converter essa relação em vendas! Pronto para continuar? Vire a página, então!

"

MANTENHA SEU CONTEÚDO E INFORMAÇÕES ON-LINE ATUALIZADOS PARA MOSTRAR QUE SEU NEGÓCIO ESTÁ ATIVO E RELEVANTE.

"

CAPÍTULO 5

O QUE VOCÊ VENDE? QUAL A SUA MARCA?

Responda para si mesmo: você é capaz de comprar o que a sua marca vende? Quando falo em comprar o que você vende, não necessariamente me refiro a produtos ou serviços. Mas você compraria da sua marca?

Pense também nas seguintes questões: qual é a sua marca? O que a sua marca fala para as pessoas? Como ela se comunica?

Estamos tão imersos nesse processo de evolução da tecnologia que, muitas vezes, não percebemos por quantas transformações já passamos. Antigamente, se comprava vinis, depois fitas cassete; passamos a ouvir músicas em CDs e, hoje, já nem se fala em comprar músicas, mas, sim, em assinar aplicativos de streaming. O tempo realmente não para. Estamos em constante mudança. E sua marca também precisa passar por transformações.

Quer saber quem você é? Qual a sua marca? Pergunte aos seus clientes! A sua marca deve ser humanizada, não autorizada. Mas o que isso significa?

---

[33] WALTON, S.; HUEY, J. *op. cit.*

POSICIONAMENTO AUTORITÁRIO
VERSUS POSICIONAMENTO HUMANIZADO

Marcas autoritárias não devem mais existir. Mas o que significa isso? Marcas tradicionais se posicionam de modo autoritário no mercado, praticamente conduzindo as decisões do consumidor de maneira unilateral, sem qualquer diálogo.

Na contramão desse contexto temos a humanização da marca, ou seja, a abertura de uma via de comunicação direta e efetiva com o público-alvo, afinal é ele quem mantém a razão de existir do seu negócio.

Hoje, o mercado não aceita mais marcas autoritárias, aquelas que se impõem ao consumidor passivo. Chegou a hora e a vez das marcas humanizadas, que impactam a vida das pessoas de maneira positiva e agregadora. É isso que fará a diferença no sucesso do seu negócio, possibilitando o seu sucesso. O mercado recompensa quem presta um atendimento humanizado, aquele que demonstra que o vendedor se importa com o público, e com os desejos e as necessidades deste, e não apenas com os números em uma planilha.

Não podemos exigir que os clientes sejam como queremos. É preciso alcançá-los levando em consideração que são únicos. Por isso é imprescindível conhecer o perfil da unidade que forma o seu público-consumidor.

Essa mudança de saída do egocentrismo e entrada em um ecossistema de geração de valor das marcas precisa ser encarada com seriedade e senso de urgência, pois, ao contrário do que diz o ditado popular, o cliente não tem razão; o cliente é a razão!

Entenda: marcas autoritárias apenas informam. Marcas humanizadas querem feedback.

HUMANIZANDO A SUA MARCA

Humanizar uma marca significa construir uma abordagem a fim de criar uma conexão emocional e autêntica com os consumidores, tratando-a como se fosse uma entidade com características humanas. Essa estratégia envolve comunicar-se de maneira sincera e centralizar os esforços em entender e atender às necessidades emocionais dos clientes. Os elementos-chave associados às marcas humanizadas são:

- Personalidade da marca: atribuição de uma personalidade distinta à marca, com características humanas como simpatia, humor, empatia e particularidades.
- Comunicação autêntica: adoção de uma linguagem e tom de voz autêntico e humano nas interações com os clientes, seja por meio de campanhas de marketing, redes sociais ou outros canais.
- História e narrativa: conte a história da marca de modo que ressoe com os valores e experiências compartilhadas pelos clientes. Isso pode incluir narrativas que destaquem a origem da marca, desafios superados e objetivos compartilhados.
- Atendimento ao cliente empático: oferecer ao cliente um atendimento que demonstre empatia e conhecimento e que tenha uma abordagem personalizada para resolver problemas e atender às necessidades dele.
- Transparência: ser transparente sobre práticas de negócios, valores e decisões. Isso contribui para construir confiança e relacionamentos duradouros.
- Engajamento nas redes sociais: participação ativa em plataformas de redes sociais, compartilhando não apenas informações promocionais, mas também interagindo de maneira sincera com os seguidores.

O CLIENTE NÃO TEM RAZÃO; O CLIENTE É A RAZÃO!

- Colaborações e causas sociais: participação em causas sociais que refletem os valores da marca, mostrando um compromisso com questões importantes para os clientes.
- Feedback e cocriação: incentivo ao feedback dos clientes e envolvimento na cocriação de produtos ou serviços, mostrando que a marca valoriza a opinião dos consumidores.
- Humanização visual: utilização de imagens e elementos visuais que demonstram a humanidade da marca, incluindo fotos de equipe, bastidores da empresa e outras representações autênticas.
- Flexibilidade e adaptabilidade: demonstrar flexibilidade e adaptabilidade, registrando erros quando necessário e ajustando estratégias com base no feedback dos clientes.

A HUMANIZAÇÃO DE UMA MARCA VISA CRIAR UMA RELAÇÃO MAIS PRÓXIMA E SIGNIFICATIVA ENTRE A EMPRESA E SEUS CLIENTES, CONFIRMANDO A IMPORTÂNCIA DAS EMOÇÕES E VALORES COMPARTILHADOS. ESSA ABORDAGEM PODE RESULTAR EM MAIOR LEALDADE DO CLIENTE, ENGAJAMENTO MAIS PROFUNDO E UMA PERCEPÇÃO POSITIVA DA MARCA.

CONVERSE COM SEU CLIENTE

Não é porque o negócio é seu que você pode ou deve fazer tudo do seu jeito. Sua marca precisa conversar com o cliente. Vamos supor que você tenha um minimercado que atenda clientes das classes C e D e, um belo dia, você decide reformar a loja para ela se tornar um empório elegante. O que vai acontecer?

Mesmo que os preços continuem atrativos, a sua marca vai passar uma impressão elitista, de que só vende produtos caros e você vai acabar perdendo clientes. Por isso o feedback é tão importante. A sua marca não deve só informar ao cliente como ela é e como se posiciona, ela precisa ser pensada sob o viés das necessidades dos seus consumidores.

Responda para si mesmo: o que sua empresa vende? Se você respondeu um produto ou um serviço, essa é uma resposta, no máximo, meio certa. O que sua empresa realmente vende é um estado emocional para as pessoas! Um vendedor de sapatos não está vendendo apenas calçados, ele está vendendo conforto e autoestima para aquela pessoa.

- O que você está fazendo para despertar o desejo das pessoas por sua marca?
- Como você está se comunicando com as pessoas sobre a sua marca?
- Quais formas de comunicação você está usando?

REFLITA SOBRE ESSAS QUESTÕES E APROVEITE O ESPAÇO ABAIXO PARA ESCREVER SUAS RESPOSTAS.

....

....

....

....

....

....

VOCÊ TAMBÉM É UMA MARCA, ENTÃO SE DESTAQUE!

Todos nós somos marcas, e o nosso comportamento vai definir o valor que nossa marca pessoal tem na sociedade e para o nosso público-alvo. Como vimos, em tempos de facilidades e avanços tecnológicos, não são as marcas que dizem quem elas são, mas, sim, os seus consumidores – isso também ocorre com nossas marcas pessoais.

Muitos afirmam que "prego que se destaca leva martelada". Livre-se desse pensamento! O mercado é competitivo, e você precisa se destacar ao máximo. Imagine o mercado como um pasto cheio de vacas leiteiras, todas brancas com manchas pretas. Todas parecem iguais, então se você precisar escolher uma, você vai pegar qualquer uma.

Acontece o mesmo com as empresas. Se você não aparece, não se destaca, não é visto, como vão escolher seu produto ou serviço? Então, nesse "pasto" não seja só uma vaca branca com manchas pretas, seja uma vaca roxa! Você já viu uma vaca roxa? Não, né? Em qualquer pasto uma vaca roxa se destaca, e é exatamente isso que você deve fazer!

Como se tornar uma vaca roxa?

Existem atributos de diferenciação. Alguns deles são:

- "O maior do ramo";
- "O melhor do ramo";
- "O único no ramo";
- "Aquele que resolve".

QUANDO VOCÊ PROPAGA ESSES ATRIBUTOS DIZENDO: "EU SOU O MELHOR! EU SOU O ÚNICO!", VOCÊ ATRAI A ATENÇÃO DOS CONSUMIDORES. MAS, CUIDADO, APENAS FALAR NÃO ADIANTA. AFINAL, VOCÊ JÁ VIU ALGUÉM ANUNCIAR QUE SEU PRODUTO OU SERVIÇO É RUIM? ATÉ O QUE NÃO TEM QUALIDADE ANUNCIA QUE É O MELHOR.

Muitas empresas e profissionais tentam se destacar no mercado praticando um preço baixo. O concorrente oferece o mesmo serviço que você, mas um pouco mais barato? Não fique tentado a querer baixar ainda mais o seu preço, essa não é a solução. Se você trabalhou bem a marca (tanto a do seu produto quanto a sua), sabe para quem está vendendo e confia na qualidade do serviço, não precisa fazer guerra de preços.

O que você precisa é buscar estratégias que o ajudem a se destacar, e uma boa maneira de fazer isso é por meio do benchmarking – o ato de buscar inspiração em empresas, concorrentes ou não, para aprimorar estratégias empresariais. Você é médico? Procure conhecer os maiores médicos que trabalhem na mesma especialidade que você e análise como é o marketing dele, como ele consegue se destacar tanto. Isso não quer dizer copiar, afinal o público dessa pessoa pode ser diferente do seu, mas ao estudar o que ele faz, você pode seguir seu próprio caminho, fazendo as devidas adaptações, e usar o que foi aprendido como base para uma verdadeira revolução na sua comunicação.

Torne-se uma vaca roxa!
RESPONDA ÀS PERGUNTAS A SEGUIR COM A MAIOR RIQUEZA DE DETALHES POSSÍVEL. ESTE EXERCÍCIO O AJUDARÁ A SE DESTACAR EM SEU MERCADO.

- Qual o seu diferencial como empresa ou profissional?
- Por que o cliente deve escolher você e não seu principal concorrente?
- Quais podem ser seus novos diferenciais, aqueles que você ainda não explorou?

Bem, você agora sabe qual a sua marca e qual o produto que você vende. Então chegou o momento de conhecer a fundo quem o consome. Ou, melhor dizendo: com quem você está falando. Vamos lá?

CAPÍTULO 6

COM QUEM VOCÊ ESTÁ FALANDO?

> *"Se as pessoas gostarem de você,*
> *elas te escutarão,*
> *mas, se elas confiarem em você,*
> *farão negócios com você."*[34]
> **ZIG ZIGLAR**

"Obrigado pela sua proposta. Vou pensar e, qualquer coisa, retorno."

Se você trabalha com vendas, já ouviu essas frases em algum momento. Mas se isso tem acontecido com frequência, uma pergunta deve ter ressoado na sua mente: *Por que não consigo vender?*

Vender não é uma tarefa fácil, e os desafios começam desde o primeiro contato com o cliente. Vendedores lidam com um número significativo de "nãos" antes de conseguirem um "sim". Esse aspecto pode ser desanimador, mas parte do sucesso nas vendas envolve perseverança e resiliência.

É um tanto inevitável para mim, no cotidiano, não observar e analisar o comportamento de prestadores de serviços – seja na área de vendas, seja em outra. Isso acontece quando vou ao shopping, quando me hospedo em um hotel, quando contrato uma empresa para algum serviço e até quando tomo um simples cafezinho.

E consegui perceber três constantes. Primeira: tudo está à venda. Segunda: nem tudo pode ser vendido e é você quem dá vida a um conceito. Perceba: ninguém consegue vender o que não conhece. Se você não conhece bem o seu produto ou serviço não será capaz de destacar seus benefícios e, muito menos, de identificar quais características do

---

[34] ZIGLAR, Z. **Ziglar on selling**. Nashville: Thomas Nelson Inc., 1991.

produto deve enfatizar de acordo com cada consumidor – e estudamos bastante esse assunto no capítulo anterior. A terceira constante é: todos são clientes em potencial, mas você não vende para todos.

Já reparou na diversidade de embalagens de sabão em pó? Elas diferem às vezes no formato, outras vezes nas cores, mas, principalmente, nas especificidades dos produtos: branco total, limpeza pesada, eliminação de odores etc. Já se perguntou por que isso acontece? Para que a empresa atinja públicos distintos, com suas demandas específicas.

Definir público-alvo significa identificar um segmento particular ou segmentos coletivos que você deseja alcançar. Há vários tipos de necessidades, produtos e clientes. Você saberia dizer quais segmentos oferecem as melhores oportunidades para o seu negócio?

Se você teve qualquer dúvida diante das situações descritas aqui, isso mostra que você não recebeu orientação e ferramentas adequadas para que pudesse utilizar o marketing digital como propulsor de vendas do seu negócio. E o nosso objetivo é mudar isso.

CONHEÇA O SEU CLIENTE

É muito importante que você não se esqueça disto: você vende para pessoas. Mesmo que seja uma venda on-line, mesmo que seja tudo por e-mail... Não importa. Você vende para pessoas.

Então é importante lembrar que não criamos laços com todas as pessoas que conhecemos, e algumas delas sequer serão nossas amigas. Algumas vieram para ficar; outras, não. Algumas caminharão conosco, outras serão pontes para nos levar ao outro lado.

Algumas das pessoas que vieram para ficar se tornam nossos parceiros de vida, e vamos desejar estar com elas para sempre. No entanto, para que esse relacionamento dê certo, precisamos conhecê-las.

Quando você não conhece bem os desejos e as aversões da pessoa amada, como vai conseguir se relacionar com ela sem conflito?

Como se resolve isso? Como conhecemos a pessoa que desejamos que esteja ao nosso lado para sempre? Com diálogo!

Você conhece o seu cliente? Sabe os tickets médios ou quais conteúdos eles consomem antes e depois da compra? Sabe qual é o seu *lifetime value*? Como é o pós-venda? Você conhece a experiência completa do seu cliente?

Seus clientes se sentem seus amigos? Você consegue vender para eles sem dizer o preço daquilo que estão comprando? Você apenas usa o seu repertório de conhecimentos gerais em sua produção ou vai além, inserindo criatividade em seu produto e venda?

Mas atenção: assim como você não namora todo mundo, também não vende (nem se comunica!) para todo mundo. Desse modo, o seu marketing precisa partir da premissa de:

- Para quem deve comunicar?
- Como deve se comunicar?

Saber definir bem o seu público-alvo é fundamental para conseguir responder a essas perguntas e traçar as melhores estratégias de comunicação.

Você sabe dizer a diferença entre "de graça" e "gratuito"? Sim, são sinônimos, mas o público da classe A, por exemplo, não gosta do uso da expressão "de graça". Se você sabe que esse é seu público, por que você utilizaria uma frase que não se comunica bem com ele?

Por mais que sua empresa almeje alcançar determinada posição, são as interações do público com a sua marca – o que inclui o conteúdo que sua empresa publica na internet – que criam e contribuem diretamente para a formação da imagem que o cliente tem da empresa.

Isso significa que você precisa se relacionar bem com o seu cliente. Além de analisar se o modo como se relaciona com ele é satisfatório, é preciso que se atente a estas perguntas:

- Está tudo bem com a sua marca?
- A sua comunicação está atingindo o seu público ideal?
- Como seu produto ou serviço está sendo percebido?
- Como está seu atendimento?

Se você não está vendendo, provavelmente seu problema está em alguma (ou todas) dessas perguntas. Talvez você não tenha se dado conta de que a venda é o fim, não o início de uma jornada. Seu cliente só vai efetuar a compra após passar por todas as etapas, e, se alguma delas não estiver bem alinhada, você perderá o cliente.

O CLIENTE É O CENTRO

"Você sabe com quem está falando?" No contexto usual, essa pergunta carrega uma aparente soberba, como se a pessoa que a vocalizou "se achasse" e tentasse humilhar o outro. No que se refere ao marketing digital, porém, ela é um ponto de partida para a solução de vários problemas.

Então, repito: você sabe com quem está falando quando atende o seu cliente? Conhece as dores dele? Como ele se sente diante delas? Sabe a urgência que ele tem do seu produto ou serviço? Caso ele não o saiba, você consegue ajudá-lo a identificá-la?

Em tempo de "modernidade líquida", como o filósofo Zygmunt Bauman trata em vários de seus livros, as conexões tornaram-se mais superficiais, voláteis, líquidas. Assim como nos desconectamos de uma tecnologia que não está mais me servindo, segundo o filósofo, a sociedade está se desconectando de pessoas que não lhe "servem" mais.[35]

Talvez o seu cliente nem saiba dessa teoria, mas ele também está imerso neste mundo líquido, como eu e você. Assim, quanto mais

[35] BAUMAN, Z. **Modernidade líquida**. Rio de Janeiro: Zahar, 1999.

profunda a sua relação com ele, mais especial ele vai se sentir, mesmo que inconscientemente.

É importante também saber que o comportamento do consumidor está em constante mudança, as necessidades dele podem seguir em outra direção em um piscar de olhos. É por isso que se as ações da sua empresa se baseiam em pesquisas de dois ou três anos atrás, pode ter certeza de que seus produtos e serviços terão cada vez menos sucesso.

O SEGREDO PARA QUE A TOMADA DE DECISÃO TENHA MAIORES CHANCES DE SER UM SUCESSO É INSERIR O CLIENTE COMO CENTRO DE TODA ESTRATÉGIA, OU SEJA, PRODUZIR E ENTREGAR APENAS O QUE É CONSIDERADO "VALOR DE VERDADE" PARA ELE.

Em vez de desenvolver uma solução demorada e que será utilizada durante anos, correndo o risco de ter ficado obsoleta, coloque em prática pequenos experimentos, trabalhe com hipóteses e acompanhe seu desempenho em um ambiente de testagem, avaliando-o.

Com estratégias de centralizar o cliente, é possível reduzir custos e desperdícios, sejam de recursos, sejam financeiros. Caso a performance da ação não seja tão efetiva quanto o esperado, é possível tomar decisões ágeis para corrigir e aumentar a taxa de sucesso.

OBSERVANDO OS SEUS CLIENTES, DESCREVA-OS COM AS INFORMAÇÕES QUE CONSEGUIU IDENTIFICAR. GUARDE ESSAS RESPOSTAS, VAMOS PRECISAR DELAS NO FINAL DO CAPÍTULO.

- Você acha que vende mais para qual classe?
- Qual a idade média do seu público?
- São mais homens ou mulheres?

....
....
....
....
....
....
....

IDENTIFICANDO O SEU PÚBLICO-ALVO

Comunicação é a chave no marketing digital, como temos visto aqui Com relação ao público-alvo, não seria diferente. Converse com os seus clientes! Observe quem entra em contato com você, identifique suas dores, seus desejos, saiba a idade, o sexo, o poder aquisitivo; enfim, descubra o maior número de detalhes possível.

Nós vendemos para uma classe específica e, mesmo assim, há vários perfis dentro dessa classe, a chamada persona. Públicos de classes distintas não se misturam, e se você não souber fazer essa leitura, não venderá para nenhum deles.

Assim, atente-se às seguintes dicas:

- **Classe A**: ganhe na qualidade; experiência top (ticket alto); não faz comentários nas postagens, mas o procura no direct do Instagram. Além disso, se seu público-alvo está majoritariamente nessa classe, prefira conteúdos mais clean.
- **Classe B**: ganhe razoavelmente entre preço e quantidade; pode fazer alguns comentários, mas ainda prefere as informações mais importantes no direct.
- **Classe C**: ganhe na quantidade; sempre comenta nas postagens, inclusive querendo saber o preço (encontre dicas a esse respeito mais à frente).

"

É IMPORTANTE TAMBÉM SABER QUE O COMPORTAMENTO DO CONSUMIDOR ESTÁ EM CONSTANTE MUDANÇA.

"

Saiba direcionar sua comunicação para o seu público-alvo. Estude quais tipos de postagens mais agradam essas pessoas, como cada uma das classes, principalmente as que compram seu produto ou serviço, reage e interage com seu trabalho. Esse conhecimento vai gerar mais possibilidades de engajamento.

Mas definir o seu público-alvo não é apenas questão de saber a qual classe ele pertence. Deve-se levantar alguns dados do perfil deles como idade, sexo, renda, escolaridade, localidade e comportamento. Desejos, hábitos, preocupações e dificuldades também são analisados para se aproximar do cliente desejado.

Os consumidores podem ser agrupados de acordo com vários fatores:

- Estilos de vida: você precisa conhecer o estilo de vida dos consumidores, do contrário não vai conseguir vender para eles. De posse dessa informação, você poderá oferecer o produto, o serviço ou a solução ideal. Quando você oferece o produto certo, seu cliente não quer saber de preço, ele vai pagar o que for! O estilo de vida do consumidor refere-se a padrões, comportamentos, valores e escolhas que caracterizam a maneira como uma pessoa vive. Compreender o estilo de vida dos consumidores é essencial para as empresas, pois influencia suas decisões de compra.
- Padrões de comportamento: os consumidores têm padrões consistentes de comportamento que incluem hábitos diários, preferências alimentares, atividades de lazer, interações sociais, entre outros.
- Valores e prioridades: os valores pessoais e as prioridades de um indivíduo desempenham um papel crucial em seu estilo de vida. Isso pode incluir valores éticos, ambientais, de saúde, familiares, entre outros.

- Escolhas de consumo: o estilo de vida influencia as escolhas de consumo, desde a escolha de produtos e marcas até a decisão de compra em si.
- Níveis de atividade: o grau de atividade física, envolvimento em atividades sociais e engajamento em comunidades on-line são aspectos do estilo de vida que afetam as escolhas de consumo.
- Preferências culturais: a cultura desempenha um papel significativo no estilo de vida. As opções culturais incluem música, arte, moda, entre outros, que molda as escolhas de consumo.
- Hobbies e interesses: os hobbies e interesses pessoais, como esportes, leitura, viagens, influenciam diretamente a maneira como as pessoas gastam seu tempo e dinheiro.
- Status socioeconômico: o nível socioeconômico, incluindo renda, educação e ocupação, tem um impacto no estilo de vida e nas opções de compra disponíveis para o consumidor.

Vamos considerar o estilo de vida de uma consumidora, a Maria: uma mulher de 32 anos que trabalha como designer gráfica freelancer e que valoriza a criatividade, o equilíbrio entre trabalho e a vida pessoal e a sustentabilidade. Seu estilo de vida envolve:

- Hábitos matinais: Maria é uma pessoa matutina. Ela começa o dia com ioga e meditação para se energizar e manter a clareza mental.
- Trabalho remoto: como freelancer, Maria prefere o trabalho remoto para ter flexibilidade em sua rotina diária e evitar longos deslocamentos.
- Alimentação saudável: Maria é vegetariana e prioriza alimentos orgânicos e locais sempre que possível. Ela gosta de cozinhar refeições nutritivas em casa.
- Hobbies criativos: como designer gráfica, Maria dedica seu tempo livre a projetos criativos, como pintura e design de interiores.

- Consciência ambiental: Maria está consciente do meio ambiente e faz escolhas de consumo sustentável, como comprar produtos reciclados e usar transporte público.
- Mídias sociais e conexão on-line: Maria está ativa nas redes sociais para se manter conectada com a comunidade de designers, compartilhar seu trabalho e descobrir novas inspirações.
- Viagens culturais: quando Maria viaja, ela prefere destinos que ofereçam experiências culturais e artísticas, explorando galerias, mercados locais e cafés.

Compreender o estilo de vida de Maria ajuda as empresas a adaptarem suas estratégias de marketing e produtos para atender às suas necessidades e valores específicos. Isso incluiria ofertas de produtos sustentáveis, promoções flexíveis para freelancers e uma presença on-line forte para se envolver com a comunidade criativa.

- Atitudes: quais são as atitudes, os gestos, os trejeitos, as palavras que são comuns para seu cliente? Sabendo isso, sua comunicação será efetiva. Você poderá oferecer seus serviços na "linguagem" do seu consumidor ideal.
- Hábitos de consumo: por onde seus clientes andam? O que eles gostam de fazer? Quais locais frequentam?.
- Benefícios procurados: quais são os benefícios que seu cliente procura e que seu produto oferece? Como seu produto vai fazer sentido para aquele cliente? Você não precisa mostrar o que é seu produto, você precisa mesmo é mostrar os benefícios que ele trará para a vida daquele consumidor.
- Quando, quanto e como: qual a frequência de compra que seus clientes têm com seu produto? Em qual ocasião eles o compram? Onde e de qual maneira eles preferem comprar esse produto ou serviço?

Quer ver um exemplo de como a resposta dessas perguntas pode mudar tudo? A empresa O Boticário é conhecida por vender perfumes e cosméticos, mas o real negócio deles são presentes. O grande volume de faturamento vem de consumidores que compram os produtos com a intenção de presentear alguém especial.[36]

QUEM É O CLIENTE CERTO PARA MIM?

Essa pergunta é feita à exaustão, mas você já parou para pensar no quanto a resposta pode ser simples?

O cliente ideal é quem compra de você!

A pergunta que você deveria realmente fazer é: "Qual é o perfil desse cliente que compra de mim?" Descobrir o cliente ideal é apenas um trabalho de observação e análise de quem já é seu cliente e um trabalho de identificação do perfil dele. Quer identificar o perfil do seu cliente ideal? Responda a essas perguntas com a análise média de quem já é seu consumidor:

- Qual o sexo desse cliente ideal?
- Qual a faixa etária?
- Qual a faixa de renda?
- Qual a escolaridade?
- A qual classe ele pertence?
- Quais seus gostos e interesses?
- O que o seu cliente quer?
- Por que ele precisa do seu produto ou serviço?

---

[36] ABREU, L. Estratégia Boticário: o que aprender com a empresa que tem mais de 3600 lojas pelo país. 9 fev. 2019. **Rock content**. Disponível em: https://rockcontent.com/br/blog/boticario/. Acesso em: 23 nov. 2023

Quanto mais informações tiver sobre seu cliente, mais fácil será compreender o perfil ideal dele e, então, você saberá como atrair um público similar ao que você almeja.

UTILIZE ESSAS PERGUNTAS PARA MAPEAR COM EXATIDÃO O PERFIL DO SEU CLIENTE IDEAL.

....

....

....

....

....

....

Agora, quero que você compare a sua primeira resposta em relação ao seu público-alvo e esta última. Reparou alguma diferença entre quem você pensava ser o seu cliente e quem realmente é o seu cliente, depois de conversar com ele? Acredito que sim.

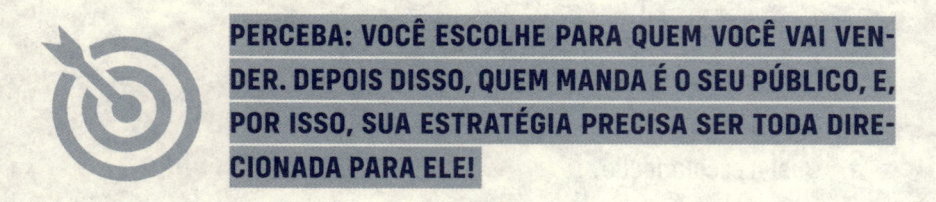

PERCEBA: VOCÊ ESCOLHE PARA QUEM VOCÊ VAI VENDER. DEPOIS DISSO, QUEM MANDA É O SEU PÚBLICO, E, POR ISSO, SUA ESTRATÉGIA PRECISA SER TODA DIRECIONADA PARA ELE!

Outro exercício importante tem a ver com feedback. Por meio dele, conseguimos informações preciosas para conhecer as dores e os desejos de seus clientes, além de formar o mapa completo para o aprimoramento da sua marca.

JÁ PAROU PARA PENSAR QUANTAS VEZES VOCÊ PEDE FEEDBACK PARA ALGUÉM? A PARTIR DE AGORA, COMECE A BUSCAR O FEEDBACK DE SEUS CLIENTES. FEZ UMA VENDA? LIGUE DEPOIS DE ALGUNS DIAS E

PEÇA O FEEDBACK SINCERO DO CONSUMIDOR. COMO EXERCÍCIO, BUSQUE, PELO MENOS, CINCO FEEDBACKS QUE DESCREVAM COMO VOCÊ PODE MELHORAR O QUE FOI LEVANTADO COMO CRÍTICA E APRIMORAR O QUE FOR ELOGIO.

....

....

....

....

....

....

COLOQUE O FOCO DO SEU MARKETING DIGITAL NO CLIENTE

Na criação de conteúdos nas redes sociais, saber sobre o seu cliente ideal e como traçar o perfil dele é fundamental para que você saiba claramente como vai conduzir a criação desse texto *copy* (um texto persuasivo, cujo objetivo é vender um produto, um serviço, uma ideia, lembra?).

A linguagem a ser utilizada, o tipo de informação, a melhor foto, até mesmo a melhor rede para divulgar o seu produto. Tudo isso deve ser pensado visando o seu cliente, que, como vimos, é o centro.

Seja persuasivo. Não chame apenas a atenção do seu público-alvo, mas, sim, convença-o com um texto de qualidade, que converta. Eles precisam ser pessoais e envolventes, afinal é isso que gera conexão. Sendo tão importante, o texto precisa de um tempo maior de produção. Não adianta você escrever qualquer coisa de qualquer maneira. Dedique-se à criação de algo que realmente faça sentido e traga benefícios para sua marca.

Somos impactados por centenas de conteúdos todos os dias. Pense em quantos posts diários nas redes sociais você vê. Então, se o que você postar não chamar atenção do leitor, sua publicação vai ficar perdida em meio ao mar de informações. Apenas se despertar a curiosidade dos seus seguidores e estabelecer uma conexão emocional com eles, criando senso de exclusividade, você conseguirá se destacar no mercado digital.

MAPA 3D

Descreva dez desejos, dez dores e dez dúvidas que seus clientes têm ou podem vir a ter. Com base nessas respostas, você terá material suficiente para começar a criar suas postagens e seus textos visando uma maior conexão com seu público.

....

....

....

....

....

....

....

....

....

....

Depois de conhecer o seu produto e a sua marca, saber para quem está falando, é preciso se atentar para o valor do seu produto. Ou seria preço? Ué, mas não é a mesma coisa? Ih, parece complicado? Calma que vou explicar isso direitinho no próximo capítulo. Vamos juntos!

"

O CLIENTE IDEAL
É QUEM COMPRA
DE VOCÊ!

"

@moisesramos.me

CAPÍTULO 7

PREÇO OU VALOR?

Como já vimos, diferentemente dos modelos antigos de vendas, baseados na presença física e no produto/serviço como foco do processo, no mercado on-line é preciso ir além da simples demonstração da mercadoria. Apresentar apenas as características do produto/serviço não é suficiente. Não se iluda. Um produto/serviço não vai se vender sozinho na internet.

Como agir então?

Uma das soluções está em focar o processo de geração de valor na mente do cliente, não o preço. Os consumidores querem, em especial, experiências agradáveis. Acredite: o dinheiro vai chegar, até porque você o está fazendo. É isso mesmo, dinheiro não se ganha, se faz. E como fazemos dinheiro? Transformando a vida das pessoas. A partir do momento que você tem a capacidade de transformar a vida de alguém, solucionar uma dor daquela pessoa, oferecer o produto ou serviço ideal para ela, essa pessoa pagará o preço que for!

Mas você deve estar se perguntando qual é a diferença entre valor e preço? É o que vou lhe explicar a seguir.

---

[37] PLATÃO. **A república**. São Paulo: Principis, 2021.

PREÇO × VALOR

Preço é o montante monetário que um cliente paga para adquirir um produto ou serviço. É um valor tangível que geralmente é expresso em moeda. O preço é uma consideração importante para os consumidores, mas não abrange todos os aspectos do que eles recebem em troca.

Valor se refere à percepção subjetiva que um cliente tem do benefício ou da utilidade que ele recebe ao adquirir um produto ou serviço. Em outras palavras, é o que o cliente considera que está recebendo em termos de qualidade, conveniência, satisfação e atendimento às suas necessidades. Valor pode ser muito mais amplo do que apenas o preço. Diz respeito à relação entre o que é oferecido e o que o cliente espera ou deseja.

A seguir, esquematizei essas informações em um quadro, para melhor comparação.

PREÇO	VALOR
É uma cifra objetiva.	É subjetivo, influenciado pelas percepções e experiências individuais de cada cliente.
É quantitativo e mensurável, geralmente em termos de moeda.	É uma avaliação qualitativa, baseada na satisfação, na qualidade percebida e em outros fatores intangíveis.
É o custo de entrada, é o que o cliente paga.	É o que o cliente obtém, incluindo benefícios, experiência, conveniência e satisfação.
É geralmente fixo, a menos que haja promoções ou descontos.	É flexível, pode variar de pessoa para pessoa com base em suas necessidades e percepções individuais.
É uma transação única, é relevante apenas no momento da compra	É uma relação contínua, pode continuar a influenciar a satisfação do cliente ao longo do tempo.

Para ficar ainda mais claro, pense o seguinte: digamos que, em média, o preço de uma garrafa de água é R$ 2,00. Mas e se você estivesse com sede há três dias? Quanto você pagaria por essa mesma garrafa? O seu preço é proporcional ao tamanho da "dor" que você cura no seu cliente.

Nós compramos o valor, mas pagamos o preço. Compramos com a emoção; e pagamos com a razão. Sendo assim, quanto maior o valor percebido pelo consumidor, menor o apego dele ao preço!

ENTREGUE VALOR, NÃO APENAS PREÇO, AO SEU CLIENTE

Compreender e entregar valor aos clientes é muitas vezes mais importante do que competir apenas com base no preço. Clientes dispostos a pagar mais por algo que percebem como valioso estão mais propensos à fidelização e à recomendação, o que é essencial para o sucesso de uma empresa. Além disso, focar o valor permite que você estabeleça preços mais justos, maximizando a lucratividade a longo prazo. Portanto, é vital para o sucesso do seu negócio focar não apenas o preço, mas também a criação e a entrega de valor para seus clientes.

Ao compreender a diferença, os consumidores podem fazer escolhas mais conscientes, priorizando produtos ou serviços que oferecem um valor real, mesmo que o preço seja mais alto. Além disso, quando os clientes percebem o valor em suas compras, é menos provável que surjam trocas ou solicitações de devolução.

Se você comunica claramente o valor de seus produtos ou serviços, pode competir com eficácia, mesmo em mercados em que os preços são um fator importante. Isso permite que sua empresa se diferencie da concorrência e construa uma reputação de marca forte e duradoura.

"

SE VOCÊ COMUNICA CLARAMENTE O VALOR DE SEUS PRODUTOS OU SERVIÇOS, PODE COMPETIR COM EFICÁCIA.

"

Segundo o investidor Warren Buffet,[38] "por algum motivo, as pessoas baseiam-se nos preços e não nos valores". Talvez porque muitas delas não compreendam a diferença entre os dois. O que é triste, pois entender a diferença entre preço e valor beneficia tanto consumidores quanto empresas. Isso porque é útil em negociações de parcerias de negócios, permitindo que ambas as partes alcancem acordos justos. Assim, sua empresa poderá tomar decisões mais informadas sobre investimentos em melhorias de produtos, serviços ou processos, considerando o valor resultante.

A OBJEÇÃO SURGE QUANDO NÃO SE VÊ O VALOR

As objeções ("Vou ver com meu marido/esposa", "Preciso pensar melhor", "Está caro") surgem quando o cliente enxerga mais o preço do que o valor daquilo que você está oferecendo, ou seja, você não comunicou de maneira clara a transformação que ele esperava.

Como já vimos, o valor está totalmente atrelado ao poder de transformação da solução que você oferece. Então, como aumentar a percepção de valor no cliente?

- Faça conteúdos que apresentem o poder da solução que você oferece com o seu produto/serviço.

> *Título:* **Desbloqueando o potencial:** [nome da solução] **– transformando desafios em oportunidades**
>
> *Introdução:* **Na jornada empresarial, enfrentamos constantemente desafios que desativam soluções inovadoras e eficazes. É aqui que** [nome da solução] **entra em cena, oferecendo mais do que apenas**

---

[38] BUFFET, W. **O jeito Warren Buffett de investir**: os segredos do maior investidor do mundo. São José dos Campos: Benvirá, 2019.

um produto ou serviço. Apresentamos uma ferramenta poderosa que não apenas resolve problemas, mas transforma desafios em oportunidades de crescimento e sucesso.

Eficiência operacional: [nome da solução] **é projetado para melhorar processos e aumentar a eficiência operacional. Com recursos intuitivos e inovadores, reduzimos o tempo gasto em tarefas rotineiras, permitindo que sua equipe se concentre no que realmente importa.**

Tomada de decisão informada: capacitamos os líderes de negócios com dados precisos e análises elaboradas. Com uma visão abrangente do desempenho, as decisões são tomadas com base em informações sólidas, impulsionando o crescimento estratégico.

Personalização para suas necessidades: **reconhecemos que cada empresa é única.** [Nome da solução] **oferece uma abordagem personalizada, adaptando-se às necessidades específicas do seu negócio. Isso não é apenas uma solução, mas a solução certa para você.**

Inovação contínua: **em um mundo empresarial em constante evolução, a estagnação é o inimigo do progresso.** [Nome da solução] **não é apenas uma resposta momentânea, mas uma jornada de inovação contínua. Mantenha-nos à frente das tendências, garantindo que sua empresa esteja sempre na vanguarda.**

Facilidade de implementação: **a implementação de soluções muitas vezes é vista como um desafio. Com** [nome da solução]**, garantimos uma transição suave. Nossa equipe dedicada oferece suporte desde a integração até a otimização, garantindo que você colha os benefícios rapidamente.**

Estudo de caso: **antes de adotar** [nome da solução]**, a empresa XYZ enfrentou desafios na gestão de sua cadeia de suprimentos. Com nossa solução, eles experimentaram um aumento de 30% na eficiência, redução de custos e melhoria na entrega de produtos. Isso não é apenas uma melhoria operacional; é uma transformação que impulsionou seu posicionamento no mercado.**

> *Conclusão:* [nome da solução] **vai além de funcionalidades simples. Representa um parceiro de confiança que capacita sua empresa a atingir seu potencial máximo. Ao escolher** [nome da solução]**, você não está apenas investindo em um produto ou serviço; está investindo no sucesso duradouro e na superação de todos os desafios que o futuro reserva. Desbloqueie seu verdadeiro potencial com** [nome da solução]**. O futuro começa agora.**

- Demonstre os resultados que quem já consumiu seu produto/serviço teve.
- Esteja ao lado do cliente para responder todas as perguntas e dúvidas que ele tiver.

QUAL A TRANSFORMAÇÃO QUE VOCÊ FAZ?

DESCREVA, COM RIQUEZA DE DETALHES, QUAIS SÃO OS VERDADEIROS BENEFÍCIOS E VALORES QUE A SUA EMPRESA PREGA NA VIDA DE SEUS CLIENTES.

....
....
....
....
....
....
....
....
....
....
....
....

Depois de detalhar cada um desses pontos, planeje como será a comunicação da sua marca a partir de agora, lembrando sempre de reforçar os valores e benefícios do seu produto/serviço. Para isso, tenha em mente o seguinte:

- Inicie revisando os valores fundamentais da marca e identifique o que ela representa. Quais são as opiniões e o propósito a se impulsionar.
- Analise profundamente o público-alvo e entenda suas necessidades, aspirações e valores. Isso ajudará a adaptar a comunicação para responder às expectativas do cliente.
- Conduza uma análise da concorrência para identificar lacunas e oportunidades e compreenda como a comunicação de outras marcas pode inspirar estratégias diferenciadas.
- Estabeleça mensagens-chave que enfatizem os valores e benefícios do produto/serviço, mas essas mensagens devem ser claras, concisas e emocionalmente envolventes.
- Mantenha a linguagem visual, incluindo logotipos, núcleos e design. Isso contribui para o reconhecimento e a coesão da marca.
- Incorpore histórias autênticas que destaquem como a marca impacta positivamente a vida dos clientes. Isso cria conexão emocional e fortalece a confiança.
- Escolha os canais de comunicação mais eficazes para atingir seu público-alvo. Isso pode incluir redes sociais, e-mail marketing, publicidade on-line, eventos, entre outros.
- Crie conteúdo relevante e importante que vá além da simples promoção. Eduque, inspire e entretenha seu público, e esteja sempre alinhado aos valores da marca.
- Elabore um plano estratégico para as redes sociais, focando o engajamento autêntico. Responda às interações dos seguidores e crie conversas importantes.

- Desenvolva programas de lealdade que recompensem os clientes fiéis. Isso reforça a valorização do relacionamento a longo prazo.
- Implemente avaliações para avaliar a eficácia da comunicação da marca. Esteja disposto a adaptar estratégias com base nos resultados e sem feedback do cliente.
- Ouça atentamente o feedback dos clientes. Use esse conhecimento para ajustar a comunicação, abordando questões e destacando pontos fortes percebidos por eles.
- Garanta que toda a equipe esteja alinhada com a comunicação da marca. O treinamento interno é crucial para garantir consistência em todas as interações.
- Mantenha-se atualizado com as tendências do setor e inove na comunicação para se destacar. Esteja preparado para antecipar as necessidades em constante mudança do mercado.

Vamos a um exemplo prático?

Marca: GreenSolutions (fictícia)

Valores principais:
- » **sustentabilidade;**
- » **inovação;**
- » **compromisso com a comunidade.**

Mensagens-chave:
- » **produtos ecologicamente corretos que reduzem a pegada de carbono;**
- » **compromisso com a inovação contínua em soluções sustentáveis;**
- » **contribuição ativa para iniciativas comunitárias.**

Estratégia de comunicação:

» desenvolvimento de vídeos informativos sobre práticas sustentáveis;

» lançamento de campanhas nas redes sociais, destacando clientes que adotam hábitos mais sustentáveis com os produtos GreenSolutions;

» realização de webinars sobre inovações e tendências sustentáveis.

Resultado esperado:

» aumento na conscientização sobre a marca como líder em soluções sustentáveis;

» engajamento significativo nas redes sociais, com compartilhamento de histórias de clientes de renovação;

» melhoria na percepção de que a marca é uma comunidade comprometida com valores compartilhados.

Este exemplo prático demonstra como os valores da marca podem ser integrados à estratégia de comunicação, gerando impacto positivo e fortalecendo o relacionamento com os clientes. Ao seguir esses passos, a marca estará preparada para uma comunicação eficaz, destacando seus valores fundamentais e os benefícios exclusivos que oferece ao público. Essa abordagem não apenas construiu uma confiança sólida, mas também fortalece a lealdade do cliente ao longo do tempo.

Quando você sabe o valor daquilo que está oferecendo ao seu cliente, as vendas fluem! Você acredita no seu produto/serviço, no quanto ele pode transformar vidas, e, ao conseguir comunicar isso com eficiência, o cliente não apenas consome a sua marca, como também passa a ver você como autoridade dentro do seu nicho, afinal, confia no seu trabalho. E esse é o tema do capítulo seguinte.

> QUANDO VOCÊ SABE O VALOR DAQUILO QUE ESTÁ OFERECENDO AO SEU CLIENTE, AS VENDAS FLUEM!

@moisesramos.me

CAPÍTULO 8

SEJA UMA AUTORIDADE DO SEU NICHO

Ser autoridade é mostrar às pessoas que você é importante para elas, para o desenvolvimento delas. E você se torna uma autoridade gerando conteúdo sobre o que está sendo aprendido durante o curso. Dizem que a melhor maneira de se aprender é ensinando, e esse dito popular não está de todo errado. Construir conteúdo com base nos seus aprendizados acadêmicos, além de transformá-lo em autoridade no assunto perante seu público, ainda ajuda você a fixar esse conteúdo.

Nenhuma outra comunicação impacta mais do que aquela que está no celular das pessoas, e quem não aparece nele não tem condições de se transformar em autoridade no meu mercado. O nome disso é posicionamento.

Em suma, ser autoridade é diferente de ser uma marca autoritária – já vimos que isso é coisa do passado. Esteja sempre atento à humanização, e não perca tempo: imponha-se como uma autoridade humanizada.

O primeiro passo para se tornar uma autoridade é saber aonde você quer chegar. Pode parecer óbvio, mas muitos não se atentam a isso. É necessário fazer uma reflexão aprofundada sobre essa questão para se chegar a uma resposta sustentável. Então, reflita: qual o objetivo do seu negócio? Quando você começou a empreender, quais eram as suas intenções?

Depois de saber a resposta, podemos seguir para a segunda pergunta: onde você quer estar daqui a um mês, um semestre ou um ano? Quais são seus sonhos e as metas para o seu empreendimento? Sejam quais forem, é imprescindível ter uma data para que isso ocorra, do contrário, você nunca vai conseguir tirar esses sonhos do papel.

Agindo assim, você terá uma visão clara de futuro, com um planejamento que vai lhe dar a segurança de olhar para frente e saber o que vai ocorrer.

COMO SE TORNAR UMA AUTORIDADE

Vivemos em um período disruptivo. Hábitos antigos, o modo como costumávamos fazer as coisas, abrem espaço para novas maneiras. Pense na mobilidade urbana: se antes você precisava usar transporte público para se deslocar, hoje chama um motorista particular por meio de um aplicativo de celular.

A TRANSFORMAÇÃO DIGITAL É UMA TENDÊNCIA, ALÉM DE INEVITÁVEL, NECESSÁRIA. EMPRESAS QUE NÃO ESTIVEREM DIGITALIZADAS, EM POUCO TEMPO, NÃO TERÃO A MENOR POSSIBILIDADE DE PERMANECER NO MERCADO. A DECLARAÇÃO PODE SOAR EXAGERADA PARA ALGUMAS PESSOAS, MAS ACREDITE: DENTRO DE ALGUNS ANOS, ESSA SERÁ A VISÃO PREDOMINANTE.

Nesse contexto de mundo disruptivo e digital, quando falo em marca e autoridade, me refiro a maneiras de se tornar relevante para determinado público on-line. Seja uma empresa, seja uma pessoa física, seja uma pessoa como extensão de uma marca – o que ocorre quando um CEO, diretor ou outro profissional da alta gestão da empresa se transforma em um divulgador dela, criando uma identidade visual que não permite a separação da organização e daquela pessoa.

POSICIONAMENTO E AUTORIDADE PERANTE O MERCADO

Muitos empresários temem se expor nas redes sociais e nas mídias digitais. Isso acontece principalmente por que eles não sabem se posicionar da maneira correta, levando-os a ficarem inseguros com os resultados que sua atitude pode causar.

Realizo um trabalho em parceria com o SEBRAE que vai ao encontro desta necessidade: criar uma classe de empreendedores conscientes da força do posicionamento on-line. Por meio desse projeto, o empreendedor também entende a importância de se tornar uma autoridade em seu nicho. Aprende que, ao agir assim, estará pelo menos alguns passos à frente da concorrência que ainda permanece no modelo tradicional.

Nem preciso dizer que vale muito a pena investir na aquisição de conhecimentos e habilidades visando se tornar uma autoridade em seu nicho de mercado, não é? Mas escolher a metodologia que melhor se adapta a você, a mais segura, a que mais traz resultado para você é um importante passo. É sobre isso que vou discorrer neste capítulo.

Há uma ligação indissociável entre o negócio e a criação de conteúdo relevante para o público-alvo. Lembre-se: vivemos um período disruptivo, e o que se fazia antes não funciona mais hoje. E claro que isso também serve para o modo como se divulga produtos e serviços.

TER AUTORIDADE × SER PERCEBIDO COMO AUTORIDADE

A pessoa que tem autoridade é aquela que entrega resultados, mas ser percebido como autoridade tem a ver com o legado dos seus resultados, aquilo que você deixa na vida das pessoas. É necessário que saiba como construir a sua autoridade e como fazer com que as pessoas ao seu redor, seus clientes e potenciais consumidores percebam em você uma figura de autoridade. E essas duas construções começam a partir das etapas de comparação, que surgem quando o cliente compara você, sua empresa, seus produtos e serviços com os dos concorrentes.

Bem, se você está em uma posição de autoridade (já entrega resultados), deve se concentrar em como fazer as pessoas perceberem essa autoridade em você. A seguir, listei algumas orientações que o ajudarão nisso.

Você resolve um problema?

Para ser percebido como autoridade, primeiro você precisa resolver um problema. A partir do momento em que você resolve uma dor dos seus clientes, eles começam a enxergar a autoridade em você.

Você muda o estado de espírito das pessoas?

Você, sua empresa, seu produto e seus serviços mudam o estado de espírito das pessoas? Trazem bons sentimentos para aquele que faz negócios com você? Se a sua resposta for sim, parabéns! Você está no caminho para ser percebido como autoridade.

Você desperta o desejo de compra nas pessoas?

Seu produto/serviço desperta o desejo de compra nas pessoas? O foco da sua comunicação deve ser fazer com que as pessoas vejam o seu produto/serviço e sintam uma grande vontade de adquirir aquilo que você está comercializando.

Não tenha medo de ser comparado

A comparação é necessária. Lembra-se de quando falamos que você precisa ser uma vaca roxa? Uma vaca roxa só se destaca se for comparada com as vacas brancas com manchas pretas. Assim, não tema ser comparado, você precisa ser o melhor, e a comparação vai ser positivo para você.

Prepare-se para ser comparado

- mostre seus benefícios e diferenciais;
- facilite o contato rápido e ágil com as pessoas, não deixe para depois, responda na hora;
- mostre seu produto/serviço sendo utilizado por outras pessoas e na prática;
- reúna e divulgue depoimentos de quem já comprou com você;
- fortaleça a experiência e o relacionamento com seu cliente;
- transforme seu produto em história, as pessoas não compram por números, compram por histórias.

E, ENTÃO, QUE TAL AGORA SE PREPARAR PARA AS ETAPAS DE COMPARAÇÃO? A SEGUIR, DESCREVA EM DETALHES TODOS OS BENEFÍCIOS E DIFERENCIAIS DA SUA EMPRESA.

....

....

....

....

....

....

....

....

....

....

....

....

> **SER PERCEBIDO COMO AUTORIDADE TEM A VER COM O LEGADO DOS SEUS RESULTADOS, AQUILO QUE VOCÊ DEIXA NA VIDA DAS PESSOAS.**

@moisesramos.me

Vamos criar um exemplo fictício? A empresa se chama EcoLiving Solutions, e oferece soluções sustentáveis para residências e negócios. Descreveremos detalhadamente os benefícios e diferenciais dessa empresa:

EcoLiving Solutions: transformando espaços, preservando o planeta

1. *Sustentabilidade integrada:* **todos os produtos e serviços da EcoLiving são desenvolvidos com um compromisso total com a sustentabilidade. Desde materiais reciclados até tecnologias de energia verde, cada oferta é projetada para minimizar o impacto ambiental.**

2. *Eficiência energética de ponta:* **benefício: as soluções da EcoLiving se destacam pela eficiência energética. Sistemas de energia solar, iluminação LED de baixo consumo e tecnologias garantem uma redução significativa nos custos de energia para residências e empresas.**

3. *Personalização para necessidades específicas:* **cada cliente da EcoLiving passa por uma consultoria personalizada. Isso garante que as soluções oferecidas atendam às necessidades específicas de cada espaço, resultando em eficiência máxima e satisfação do cliente.**

4. *Tecnologia resiliente e durável:* **os produtos da EcoLiving Solutions são construídos com tecnologia durável e resistente. Desde painéis solares até sistemas de filtragem de água, a durabilidade é uma prioridade, garantindo a longevidade dos investimentos dos clientes.**

5. *Redução de desperdício e consumo responsável:* **a EcoLiving Solutions adota práticas de produção que visam reduzir o desperdício. Além disso, promove o consumo responsável, incentivando os clientes a fazerem escolhas conscientes para um estilo de vida mais sustentável.**

---

6. *Programas de educação ambiental:* **a empresa vai além de simples transações comerciais, oferecendo programas de educação ambiental para seus clientes. Isso inclui workshops, webinars e materiais educativos para promover a conscientização sobre práticas sustentáveis.**

7. *Certificações e garantias transparentes:* **todos os produtos da EcoLiving Solutions possuem certificações reconhecidas internacionalmente. A empresa oferece garantias transparentes, assegurando aos clientes a qualidade e confiabilidade de cada solução empregada.**

8. *Compromisso com a comunidade:* **a empresa investe em projetos comunitários. Uma porcentagem das vendas é destinada a iniciativas locais que visam promover a sustentabilidade e melhorar a qualidade de vida nas comunidades atendidas.**

9. *Acesso a inovações tecnológicas contínuas:* **a empresa se compromete com a pesquisa e desenvolvimento contínuo. Os clientes da EcoLiving Solutions têm acesso a inovações tecnológicas emergentes, mantendo seus espaços sempre atualizados e eficientes.**

10. *Atendimento ao cliente excepcional:* **a EcoLiving Solutions coloca um alto valor no atendimento ao cliente. Uma equipe especializada está sempre pronta para oferecer suporte, responder dúvidas e garantir a satisfação total do cliente em cada etapa da jornada.**

Esse exemplo destaca como a EcoLiving Solutions se diferencia no mercado, fornecendo benefícios tangíveis e alinhados aos valores de sustentabilidade, eficiência e compromisso com a comunidade.

Agora, trace uma estratégia para que seu atendimento seja consideravelmente mais ágil.

Estratégia para melhorar a agilidade no atendimento em uma papelaria:

» Adote um sistema de ponto de venda (POS) integrado que agilize o processo de entrega e gerenciamento de estoque. Isso reduzirá o tempo de espera dos clientes durante o pagamento.

» Proporção de treinamento específico para a equipe, destacando técnicas para agilizar o atendimento. Isso inclui conhecimento aprofundado dos produtos.

» Crie uma área de autoatendimento organizada para produtos de uso frequente, como itens de papelaria básicos.

» Dedique caixas específicos para transações rápidas e compras de poucos itens. Isso evita que os clientes percam tempo.

» Implemente códigos de barras nos produtos e utilize leitores rápidos para acelerar o processo de registro de itens.

» Desenvolva um sistema de reservas on-line para produtos específicos, permitindo que os clientes façam pedidos com antecedência:

» Implemente um sistema de reservas on-line para itens escolares comuns. Os clientes podem acessar o site, fazer suas compras e receberem uma entrega tão personalizada quanto a dos clientes que compram na loja física. Essa estratégia não apenas melhora a agilidade no atendimento, mas também oferece uma solução conveniente para os clientes, especialmente durante períodos movimentados, como a volta às aulas.

» Crie um aplicativo móvel com opção de checkout rápido. Os clientes podem escanear os produtos e pagar pelo aplicativo.

» Implemente um sistema de feedback rápido para identificar possíveis gargalos no atendimento. Use esses insights para ajustar o procedimento.

> » Utilize um sistema de gerenciamento de filas que permita aos funcionários redistribuírem recursos conforme necessário, evitando filas longas.
> » Crie programas de fidelidade que ofereçam benefícios como atendimento prioritário, descontos especiais e acesso exclusivo a promoções.
>
> Desenvolva pelo menos um vídeo ou imagem que apresente o seu produto ou serviço na prática. Busque a maior quantidade de depoimentos sobre seu produto/serviço que você conseguir e comece a divulgá-los em suas mídias.

Talvez você possa ter ficado um pouco preocupado com a questão do vídeo, mas não há motivo para isso. A seguir, você verá um exemplo de como roteirizar a produção, bastará fazer os devidos ajustes para a sua área de atuação.

> **Roteiro de vídeo com depoimentos para apresentação de um serviço de coaching pessoal: Caminho para a transformação**
>
> *Introdução:* (Cenas envolventes de pessoas sorrindo e abraçando a vida) *"Bem-vindo ao 'Caminho para a transformação', onde a mudança pessoal ganha vida. Neste vídeo, ouça as experiências de prosperidade de pessoas reais que trilharam esse caminho de autodescoberta e crescimento."*
>
> *Cena 1:* **Apresentação do coach** (corte para um coach motivacional, em um ambiente acolhedor).
> *"Oi, eu sou [nome], seu coach pessoal. Estou aqui para compartilhar como o 'Caminho para a transformação' tem guiado indivíduos como você rumo a uma vida mais plena e significativa."*

Depoimento 1: **Maria (sorridente, ela compartilha sua experiência)**
"Antes do coaching, eu me sentia perdida. 'Caminho para a transformação' me proporcionou clara e direção. Agora, estou vivendo a vida que sempre quis."

Depoimento 2: **João (em um ambiente de trabalho, ele expressa sua jornada de crescimento)**
"O coaching não apenas aprimorou minhas habilidades profissionais, mas também minha perspectiva de vida. 'Caminho para a transformação' me deu ferramentas para alcançar o sucesso em todos os aspectos."

Cena 2: **Demonstração de sessões de coaching (cenas rápidas mostrando pessoas participando de sessões de coaching)**
"Nossas sessões são personalizadas, focadas em suas metas e desafios. Vamos dar uma espiada em algumas sessões de 'Caminho para a transformação'."

Depoimento 3: **Ana (refletindo sobre sua jornada)**
"O coaching me ajudou a superar obstáculos inconvenientes e intransponíveis. 'Caminho para a transformação' é mais do que um serviço; é um encontro para uma vida mais feliz e realizada."

Depoimento 4: **Ricardo (cliente empresarial, destaca a aplicação do coaching no ambiente de trabalho)**
"Implementar o coaching na minha equipe foi uma decisão transformadora. 'Caminho para a transformação' não só aprimorou o desempenho, mas também fortaleceu a cultura da empresa."

Cena 3: **Resultados tangíveis (gráficos ou animações mostrando resultados mensuráveis obtidos através do coaching)**

"Os resultados não são apenas sentimentos, são tangíveis. Veja como 'Caminho para a transformação' impactou vidas e negócios."

Depoimento 5: **Carlos (depoimento espontâneo, gravado em ambiente cotidiano)**
"Eu simplesmente compartilhei o quanto 'Caminho para a transformação' mudou minha vida. Não é um gasto; é um investimento em si mesmo que vale cada centavo."

Cena 4: **Chamada à ação (corte de volta para o coaching)**
"Se você busca uma transformação real, estou aqui para ajudar. 'Caminho para a transformação' é uma jornada que você merece. Junte--se a nós e descubra o potencial que há em você."

Encerramento **(imagens aliança de pessoas se abraçando, com o logotipo do serviço e informações de contato)**
[Voz em off]
"Transforme sua vida com 'Caminho para a transformação'. Ouça essas histórias e faça parte do movimento. Sua jornada de transformação começa agora."
[Música encerrando]

Case: Livraria Páginas Renovadas

Há alguns anos, Ana Silva (nome fictício) assumiu a gestão da Livraria Páginas Renovadas (nome fictício). No entanto, a falta de presença on-line e estratégias digitais estavam afetando o desempenho do negócio. Ana decidiu enfrentar esses desafios e o resultado foi uma notável transformação.

"Quando assumi a livraria, sabia que precisávamos evoluir. A ausência on-line estava nos isolando de uma comunidade ávida por leitura. Confesso que inicialmente subestimei o poder do mundo digital. Ignorar a presença on-line foi meu primeiro grande erro. Decidi aprender. Contratei especialistas, participei de cursos on-line e aprendi a entender as nuances do marketing digital. Outro erro que cometi era achar que as redes sociais não eram relevantes para uma livraria. Que engano! Percebi que é lá que nossa comunidade discute, compartilha e descobre novos livros. Então, aprendi a importância do engajamento nas redes sociais. Comecei a compartilhar nossas recomendações, promoções e eventos, criando uma comunidade on-line vibrante. Contudo, nosso site era antiquado e difícil de navegar em dispositivos móveis. Isso estava afastando os clientes que buscavam praticidade. Investi na criação de um site moderno, responsivo e fácil de usar. Agora, as pessoas podem explorar nosso catálogo de maneira intuitiva, estejam onde estiverem. Hoje, a Páginas Renovadas é mais do que uma livraria, é uma comunidade on-line e off-line apaixonada por livros. Descobri que os erros são oportunidades disfarçadas, e a transformação digital foi a nossa maior conquista. Se há algo que aprendi é que nunca é tarde para mudar e evoluir. A Páginas Renovadas é prova disso. Estamos prontos para mais capítulos emocionantes nessa jornada literária, agora também digital."

Case: Cafeteria Aroma Inspirador

Há alguns anos, João Oliveira assumiu a administração da Cafetaria aroma inspirador. Contudo, a ausência de presença digital e estratégias on-line estava afetando o desempenho do negócio. João decidiu enfrentar esses desafios de frente, e o resultado foi uma notável transformação na Aroma Inspirador.

Quando herdou a cafeteria, ele percebeu que precisava se adaptar aos tempos digitais. Estava perdendo a oportunidade de se conectar com uma clientela mais ampla.

"Acreditava que uma cafeteria não precisava estar nas redes sociais. Que equívoco! Percebi que é um espaço onde as pessoas analisam experiências e descobrem novos lugares. Decidi mergulhar no mundo digital. Aprendi sobre marketing nas redes sociais, como criar engajamento e contar a história da Aroma Inspirador de maneira autêntica. Investi na modernização do nosso sistema de pedidos, tornando-o digital e interativo, mais fácil de navegar e com a opção de pedidos na própria loja e on-line, com entrega rápida. Agora, os clientes podem desfrutar do nosso café onde quer que estejam. Eu não dava a devida importância às imagens dos nossos produtos. Percebi que uma apresentação visual atraente é crucial, especialmente nas redes sociais. Então, peguei pesado na apresentação visual dos nossos produtos. Fotos atraentes despertam o interesse dos clientes, e isso se traduz em mais visitas à cafeteria. Hoje, a Aroma Inspirador não é apenas uma cafeteria local; é uma comunidade on-line e off-line apaixonada por café. Aprendi que os erros são oportunidades de crescimento, e nossa presença digital agora é um dos nossos maiores trunfos. A Aroma Inspirador está pronta para novos capítulos. A transformação digital não é apenas uma necessidade; é uma oportunidade de levar o sabor do nosso café a mais pessoas."

66

ERROS SÃO OPORTUNIDADES DISFARÇADAS.

99

@moisesramos.me

CAPÍTULO 9

USANDO O INSTAGRAM

O que você anda postando em suas redes sociais? A baladinha do fim de semana? Chegou a hora de aprender a transformar suas redes sociais em uma ferramenta de captação de clientes e, consequentemente, de recursos para o seu negócio.

Entenda: o que atrai novos pacientes para um consultório de odontologia, por exemplo, não são os procedimentos odontológicos em si. Muitos dentistas têm o hábito de postar fotos com sangue, por exemplo, sem se dar conta de que isso mais afasta do que atrai as pessoas. Esse tipo de comunicação é voltado para os colegas de profissão, não para o público-alvo.

Então, o que atrai as pessoas? É o sorriso que aquele procedimento gerou. O público quer saber o quanto o seu serviço o ajudará e, nesse caso, o resultado será um sorriso mais bonito.

Neste capítulo, vamos estudar a fundo como ter esse resultado usando o Instagram. Para isso, vamos primeiro conhecer algumas ferramentas básicas da rede.

[39] DRUCKER, P. F. Principles of successful innovation. **Research management**, v. 28, n. 5, p. 10–12, 1985.

O PODER DA APRESENTAÇÃO

Hoje, o principal cartão de visitas de um profissional são suas redes sociais, especialmente o Instagram. É por meio dessas ferramentas que os potenciais clientes podem descobrir você, conhecer mais sobre seu produto/serviço e absorver seus conteúdos.

A bio

Um dos primeiros contatos que o seguidor tem com seu perfil é a bio do Instagram, assim, ela é fundamental para que ele decida se vai ou não continuar acompanhando você. Então, é preciso colocar as palavras certas para que seu público possa se conectar com você. Lembra como é importante gerar conexão para poder efetivar uma venda?

Um dos principais erros que são cometidos ao elaborar uma bio é colocar o telefone nela. O Instagram (e todas as mídias sociais) quer que a pessoa permaneça o máximo possível no aplicativo, ou seja, quando você coloca o número de telefone no seu perfil, você está fazendo com que seu seguidor tenha de sair daquela rede social.

Use links, especialmente para o WhatsApp, que é do mesmo dono do Instagram, para que seu seguidor tenha todas as informações necessárias para o contato. É muito mais prático para ele clicar em um link e conversar diretamente com você do que ter de sair e discar seu número.

Outro erro muito comum é o de achar que a bio precisa ser muito longa. Na verdade, isso nem é possível, já que o próprio Instagram limita o número de caracteres. Então, seja conciso, descreva quem você é e o que você faz de modo a se destacar. Você pode usar emojis para deixar a bio ainda mais convidativa – se isso, claro, combinar com o seu público-alvo.

Na bio, em geral, você deve responder às seguintes questões, de maneira impactante, clara e resumida:

- O que você/sua empresa faz?
- Quais dores você/sua empresa cura?
- Quais são os seus diferenciais?

No final, não se esqueça de inserir o link de que falamos. A pessoa precisa ter uma chamada para ação e uma maneira de entrar em contato com você.

Quer oferecer mais do que só o contato? Tudo bem, então utilize um agregador de links (como o Linktree) e tenha acesso a mais possibilidades. Se não souber como montar um agregador de links, pode pesquisar no YouTube por "Como utilizar o Linktree".

Para resumir, imagine que você é um ghost-writer e precise de uma bio para o seu Instagram com 143 caracteres, incluindo letras, números, espaços e emojis. Você pode optar por:

- 📑 Escritor fantasma, sua voz, sua história. 👻
- 🔍 Descubra o poder das palavras através das lentes de um ghost-writer. 📝
- #Ghostwriter #EscritorFantasma #PalavrasQueTransformam

O nome de usuário

As pessoas encontram você no Instagram pelo seu nome de usuário, principalmente. Por isso, é importante que ele seja direto. Um bom nome de usuário vincula o seu nome ao seu ramo de atuação. Exemplo:

- @eduardo.personal
- @cardiologista.antônio
- @psicologa.maria

Isso é importante, pois se a pessoa buscar profissionais utilizando apenas o ramo de trabalho, seu perfil será indicado a ela. Caso você tenha uma empresa, utilize o nome. A depender do caso, você também pode colocar o ramo de atuação da sua empresa no nome de usuário.

Cuidado com nomes muito difíceis, códigos, números e tudo aquilo que dificulta as pessoas a memorizarem seu usuário. Ele precisa ser fácil de lembrar.

A foto de perfil

A foto precisa ser clara e estar bem encaixada no círculo que delimita sua área. É muito importante você prestar atenção na qualidade dessa foto. Jamais utilize imagens com baixa resolução, mal-iluminadas ou que não transparecem profissionalismo. Você pode utilizar o logotipo da sua empresa na imagem de perfil, mas não esqueça que a qualidade precisa ser alta também.

VAMOS PRATICAR? REVEJA TODAS AS INFORMAÇÕES QUE APRESENTEI NESTE CAPÍTULO E, ENTÃO, CRIE UMA BIO SEGUINDO O MODELO APRENDIDO.

....

....

....

....

....

....

....

....

 **DEPOIS, DÊ UM PULO NO MEU INSTAGRAM PARA COMPARAR A BIO QUE VOCÊ CRIOU COM A MINHA, PARA TER UMA IDEIA SE VOCÊ SE SAIU BEM. O QUE ACHA?**

"

O PRINCIPAL CARTÃO DE VISITAS DE UM PROFISSIONAL SÃO SUAS REDES SOCIAIS.

"

@moisesramos.me

OS TIPOS DE PUBLICAÇÃO

Existem, basicamente, três maneiras de se fazer publicações no Instagram:

- Feed: voltado para publicações fixas, é uma espécie de catálogo ou vitrine. Geralmente, informações mais relevantes, que requerem melhor fixação, são postadas no feed. Nele, é possível postar: produtos e serviços; dicas; carrosséis; frases motivacionais; conteúdos técnicos; fotos de clientes (com a devida autorização).
- Stories: postagens que ficam on-line por apenas 24 horas, é um conteúdo menos aprofundado. Nos stories você pode postar: eventos, bastidores de trabalhos, enquetes, resposta de perguntas, promoções, ofertas, o cotidiano da sua empresa.
- Reels: pode ou não ser colocado no feed. São vídeos curtos, concorrentes do TikTok, e hoje é o grande foco da plataforma. A vantagem dos reels é a distribuição orgânica que o aplicativo faz de seu conteúdo para pessoas que não o seguem. Você pode postar nos reels: tutoriais rápidos, antes e depois, vídeos de humor, trends do momento, motivacionais, dicas.

O MARKETING DAS HASHTAGS

As hashtags (simbolizadas pelo caractere #) são uma maneira de categorizar os conteúdos, agrupando-os em um mesmo tópico e criando um espaço em que o usuário pode conferir os posts sobre determinado tema de maneira rápida e prática.

Além disso, o Instagram utiliza as hashtags para ajudar na segmentação dos conteúdos, o que quer dizer que ele vai entregar aquele post para pessoas que tenham maior afinidade com o assunto sinalizado na hashtag.

 **AS HASHTAGS SÃO UMA ÓTIMA FERRAMENTA PARA AMPLIAR A VISIBILIDADE DOS NEGÓCIOS E DE CONTEÚDOS, POIS ATRAEM PESSOAS INTERESSADAS PELO MESMO TEMA.**

Usando as hashtags

Você pode tanto utilizar hashtags que já estão viralizadas quanto criar as suas próprias para que seus seguidores ajudem a divulgá-las.

Seja criativo, elabore hashtags para ações do seu negócio, mas cuidado para não utilizar palavras ou frases muito longas ou complexas. Lembre-se de que a praticidade é um ponto fundamental na internet. Associe suas hashtags a eventos, movimentos ou promoções para reforçar a marca do seu negócio. Atente-se que o processo de criação e viralização de uma hashtag não é um projeto de curto prazo, mas, sim, de médio e longo prazo.

Outro ponto importante a ser considerado é utilizar uma hashtag com o nome da sua cidade e do seu estado. Isso fará o seu conteúdo ser entregue para as pessoas mais próximas geograficamente a você.

A escolha da melhor hashtag de localização depende do contexto e do local específico ao qual você se refere. Para obter as melhores hashtags de localização, é útil considerar a área geográfica específica ou o evento que está ocorrendo. Se você tiver um local em mente, como uma cidade, bairro ou ponto turístico, usar uma hashtag que seja relevante para esse local pode aumentar a visibilidade do seu conteúdo para as pessoas interessadas nessa região.

Por exemplo, se você estiver em Paris, hashtags como #ParisLife, #ParisianAdventure ou #VisitParis podem ser eficazes. Se você estiver em um evento específico, como uma conferência ou festival, utilizar uma hashtag relacionada a esse evento pode ser mais seguro.

Lembre-se de verificar as hashtags populares em sua área ou evento quando estiver postando, pois as tendências podem mudar.

E quantas hashtags você deve usar? O Instagram permite que você utilize até 32 por publicação. Mas não é porque é possível inserir essa quantidade que você precisa fazer isso. O ideal é utilizar no máximo onze. Com este número, você já terá um bom aperfeiçoamento do seu processo.

A recomendação de usar no máximo onze hashtags em uma postagem nas redes sociais, como no Instagram, tem a ver com a busca por um equilíbrio entre visibilidade e engajamento. A seguir, listei algumas razões pelas quais muitos especialistas sugerem esse limite:

- Foco e relevância: ao usar um número moderado de hashtags, você pode manter o foco e a relevância em relação ao conteúdo de sua postagem. Isso ajuda a atrair usuários interessados nos temas envolvidos.
- Estética da legenda: muitas vezes, uma legenda poluída por muitas hashtags pode parecer visualmente sonora. Limitar o número de hashtags permite que sua legenda mantenha uma aparência mais limpa e organizada.
- Engajamento de qualidade: usar hashtags relevantes e específicas aumenta as chances de atrair usuários genuinamente interessados em seu conteúdo. Essa abordagem pode resultar em um engajamento mais significativo do que simplesmente ver a quantidade.
- Evitar spam: o uso excessivo de hashtags pode ser interpretado como spam pelas plataformas de mídia social. Algumas pessoas podem considerar postagens com muitas hashtags como tentativa de manipular algoritmos.
- Acompanhamento de desempenho: manter um número moderado de hashtags facilita o acompanhamento do desempenho de cada uma delas. Dessa forma, você pode identificar quais hashtags são mais eficazes para o seu público.
- Participação em comunidades: ao limitar o número de hashtags, você tem mais chances de participar de comunidades específicas.

Isso é importante para criar conexões autênticas com outros usuários que tenham interesses semelhantes.

Além disso, dê preferência a hashtags com, no máximo, 100 mil publicações, a fim de evitar que seu conteúdo se perca em uma hashtag gigantesca.

DICA: QUE TAL FAZER UMA PROMOÇÃO OU UM SORTEIO PARA TODAS AS PESSOAS QUE POSTAREM USANDO A SUA HASHTAG EXCLUSIVA?

Hashtags exclusivas são aquelas específicas para seu conteúdo, marca ou campanha e não são amplamente utilizadas por outros usuários. Elas são uma ótima maneira de criar uma identidade única e aumentar a visibilidade do seu conteúdo para um público específico. Aqui estão alguns exemplos de hashtags exclusivas:

- #MeuEstiloUnico
- #AventurasCom[SeuNome]
- #CrieComPaixao
- #MinhaJornadaCriativa
- #SaboresDo[SeuNegócio]
- #SuaMelhorHistoria
- #DesbravandoCom[SeuNome]
- #InovacaoNaPrática
- #[NomeDaSuaMarca]Exclusivo
- #FeitoPorMim
- #InspiraçãoDiária[SeuTema]

Lembre-se de personalizar as hashtags de acordo com a natureza do seu conteúdo, seja ele relacionado a viagens, estilo de vida, criação de conteúdo, empreendedorismo ou qualquer outra área. O objetivo é criar algo único que represente sua marca ou mensagem específica.

A entrega de conteúdo

Você sabia que, em média, 5 a 10% dos seus seguidores recebem os conteúdos que você posta? Ou seja, se você tem mil seguidores, apenas cinquenta deles vão receber suas postagens sem que você precise investir dinheiro em anúncios.[40]

Mais um motivo para usar hashtags, não? Ela garante mais uma maneira de o alcance das suas publicações aumentar, com mais pessoas interagindo, o que pode potencializar o número de seguidores e oportunidades de negócios para você.

Contudo, a taxa de engajamento no Instagram pode variar significativamente de uma conta para outra, e é influenciada por vários fatores como o tipo de conteúdo, a frequência das postagens, a qualidade das imagens, a consistência das interações e o tamanho da audiência. Não há um "percentual padrão" que se aplique universalmente a todas as contas no Instagram.

Além disso, as plataformas de mídia social geralmente não divulgam publicamente dados específicos sobre o alcance e o envolvimento orgânico em postagens. As informações fornecidas sobre o desempenho de uma conta são acessíveis apenas para o próprio usuário da conta por meio de análises internas do Instagram ou de ferramentas de análise de terceiros.

Se você estiver interessado em obter informações específicas sobre o desempenho de suas postagens no Instagram, recomendo verificar as análises fornecidas pela própria plataforma ou usar ferra-

---

[40] ABRANTES, T. Algoritmo do Instagram: o que é, como funciona e quais são os principais fatores levados em consideração? 14 mar. 23. **Resultados Digitais**. Disponível em: https://resultadosdigitais.com.br/marketing/algoritmo-do-instagram/. Acesso em: 23 nov. 2023

mentas de análise de redes sociais, que podem oferecer comentários mais detalhados sobre o alcance, avaliação, interações e outros indicadores de engajamento. Essas ferramentas podem fornecer insights importantes para entender como seu conteúdo está se saindo com sua audiência.

TRANSFORMANDO SUAS HASHTAGS

BUSQUE E/OU CRIE ONZE HASHTAGS PARA SEU NEGÓCIO. FAÇA A MELHOR ESCOLHA POSSÍVEL SEGUINDO O QUE VOCÊ APRENDEU NESTE CAPÍTULO. PELO MENOS UMA DELAS PRECISA SER UMA CRIAÇÃO SUA.

....

....

....

....

....

....

....

....

....

....

PLANEJE-SE

Planeje seu conteúdo, inclusive de Reels e Tiktok, mas publique-o de modo que pareça o mais natural possível. Gerar proximidade é uma excelente maneira de criar empatia com as pessoas, por isso seu conteúdo precisa ser direto e de fácil compreensão.

Crie um calendário de conteúdos para você não precisar acordar todos os dias e ficar pensando no que vai postar naquela data.

PROXIMIDADE É UMA EXCELENTE MANEIRA DE CRIAR EMPATIA COM AS PESSOAS.

Deixe o documento pronto, e assim você só precisará ir seguindo o que já foi organizado.

Ao produzir seu calendário, você pode separar seus posts, por exemplo, em três categorias:

- Motivacional: maneiras de inspirar as pessoas através do seu produto ou serviço.
- Técnico: conteúdo voltado ao seu nicho, dicas, ensinamentos.
- Produto: demonstração do seu produto ou serviço de maneira criativa para gerar desejo.

Não existe uma regra específica de quantas publicações você precisa fazer diariamente. Mas existe um fundamento importante: constância! É de suma importância que você publique sem grandes janelas entre uma postagem e outra. As redes querem usuários que produzam conteúdo constantemente, ou seja, quanto mais você postar, mais as plataformas vão indicar seu conteúdo.

A indicação média é que você faça, pelo menos, duas publicações de Feed/Reels e stories à vontade, mas cuidado para não abusar.

OUTRAS QUESTÕES IMPORTANTES

O poder da conexão

Peça a seus seguidores que se envolvam nos seus conteúdos para gerar engajamento. Por exemplo, ao pedir que marquem amigos nos comentários você, ao mesmo tempo, está agindo para aumentar o número de mensagens recebidas e espalhar seu conteúdo para quem seus seguidores conhecem. Peça que enviem seu conteúdo ao final de vídeos e postagens. Além disso, deixe visível seu nome de usuário para a pessoa que receber aquele conteúdo saiba qual a origem dele. Dessa maneira, você também age para evitar plágios.

Marque outras pessoas em sua postagem

Sempre que possível, marque as pessoas em suas publicações. Só tome cuidado para não marcar pessoas ou alguém que não teria interesse naquela postagem. A marcação é uma poderosa ferramenta para aumentar sua audiência, especialmente se as pessoas marcadas forem celebridades ou influenciadores.

Crie interatividade nos seus stories

Crie mecanismos para que a interação das pessoas com os seus stories se torne natural. Abra caixinhas de perguntas, peça que enviem dúvidas, elabore enquetes, tudo para que seu seguidor gere engajamento. Sempre que alguém interage com seu conteúdo, o Instagram entende que aquela é uma publicação importante e age para que mais pessoas a conheçam.

Lives

Os vídeos ao vivo nas redes são conhecidos como lives. Essa é uma tendência que gera impactos muito positivos. Mesmo que a audiência seja baixa no início, é importante que você comece a utilizar este recurso para gerar engajamento e reconhecimento do público. Faça pelo menos uma vez por semana, convide pessoas para participar, faça colaborações com profissionais. Dê preferência para o horário da noite e reforce a interatividade, ou seja, fale o nome das pessoas que estão assistindo, deixe que elas façam perguntas e se sintam participantes do processo.

Preço no Instagram: a heresia!

Não divulgue preço nas redes sociais. Quando alguém perguntar quanto custa um produto ou serviço, primeiro faça algumas perguntas sobre como aquele produto vai agregar na vida da pessoa. Fale dos benefícios antes de falar do preço e, então, sugira que a conversa continue no WhatsApp. Ao agir assim, você não apenas construirá uma relação por meio de um processo, mas também adicionando mais um contato à sua rede.

> **ENTENDA: NAS REDES SOCIAIS, VOCÊ FALARÁ SOBRE VALOR (EMOÇÃO), E NO WHATSAPP, SOBRE PREÇO (RAZÃO). SE VOCÊ PULA AS ETAPAS DO DESENVOLVIMENTO DE UM RELACIONAMENTO GERADO PELA EXPOSIÇÃO DO VALOR DO SEU PRODUTO/SERVIÇO, EXPOR O PREÇO APENAS VAI AFUGENTAR O COMPRADOR, QUE POSSIVELMENTE VAI CONSIDERAR O INVESTIMENTO ALTO, JÁ QUE AINDA NÃO TEM UMA RELAÇÃO EMOCIONAL COM O QUE VOCÊ VENDE.**

Além disso, fale de condição especial em vez de preço e promoção. Como eu já comentei, o processo de compra está alicerçado nas emoções, e saber utilizar um vocabulário que toque na emoção do cliente é fundamental.

Microinfluenciadores

Esqueça a quantidade de seguidores. Não adianta ter uma multidão de seguidores se eles estão pulverizados em diversos públicos que não são o seu.

Imagine uma influenciadora digital com 1 milhão de seguidores. Você quer contratá-la para fazer a divulgação do seu produto. Vai ser um sucesso, certo? Talvez não! Do que adianta você contratá-la se esses 1 milhão de seguidores não são seu público-alvo? Você identificou que seu público-alvo são pessoas da terceira idade, mas os seguidores dessa profissional são, em sua maioria, jovens que gostam de esportes radicais.

Concorda que não faz sentido gastar bala com esse alvo? Muito mais acertado é identificar a conexão do influenciador e de seu público com o que você está oferecendo. É melhor você fechar a parceria com um microinfluenciador, que é aquele influenciador digital com menos de 100 mil seguidores. Muitas vezes, compensa mais firmar uma parceria ou contratar um profissional com esse perfil para anunciar seus produtos do que investir em algo mais arrojado. O importante é que o público do influenciador seja parecido com o do negócio, pois, assim, o engajamento e, consequentemente, os resultados serão melhores.

Outras dicas relevantes para o seu Instagram

- Sempre utilize o gerenciador de anúncios para criar conteúdo pago.
- O Instagram é atualmente a mídia mais barata que existe.
- É preciso responder às pessoas no direct, pois, sem isso, você não está fazendo marketing digital, mesmo que tenha um perfil.

À medida que encerramos este capítulo de nossa jornada digital pelo Instagram, é impossível ignorar a influência e o poder dessa plataforma de compartilhamento visual. Nos conectamos, exploramos e expressamos quem somos por meio de imagens e histórias. O Instagram se tornou um reflexo digital da nossa vida, capturando momentos efêmeros e construindo pontes entre nós.

Mas a presença on-line é uma dança delicada entre o pessoal e o público. No próximo capítulo, mergulharemos mais profundamente em como gerenciar essa dança, cuidando da imagem on-line. Descobriremos estratégias para manter uma presença autêntica, construir uma narrativa coesa e equilibrar a visibilidade com a privacidade. Vamos explorar o que significa ser autêntico no mundo digital em constante mudança.

A PRESENÇA ON-LINE É UMA DANÇA DELICADA ENTRE O PESSOAL E O PÚBLICO.

CAPÍTULO 10

COMO GERENCIAR SUA IMAGEM ON-LINE

Neste capítulo, vamos falar um pouco sobre como gerenciar em ambiente on-line tanto a imagem pessoal quanto a do negócio. Como já foi dito em capítulos anteriores, todos somos marcas e, como tal, devemos saber como manter a postura nas redes sociais e mídias digitais.

Esse tema vem fazer um bom complemento ao que já foi falado sobre vender experiências.

EXPOSIÇÃO E VISIBILIDADE ON-LINE

É importante ter em mente que o cuidado com a imagem não pode se tornar um bloqueio, já que isso deixaria tal marca com uma atmosfera artificial. Porém, também é preciso ter o cuidado de as pessoas falarem de você e de sua marca de uma maneira que seja positiva para o seu negócio. Para que isso se torne realidade, é preciso ter uma exposição estratégica.

Exposição e visibilidade são palavras-chave nesse contexto. Não adianta ter vergonha nem medo de aparecer nas postagens, sejam elas em formato de imagem ou vídeo, porque você não vai conseguir se posicionar dessa maneira – e, consequentemente, não promoverá o seu negócio.

É comum ter receio de começar a aparecer on-line por conta das críticas que não quer receber. Muita gente de mente pequena pode apontar o dedo e dizer que o outro está querendo aparecer, que virou "blogueirinha", como se diz popularmente. Esse tipo de crítica que deve ser ignorado.

Vencida essa barreira, você deve entender que, a partir do momento em que decidiu se expor nas redes sociais, tornou-se automaticamente uma pessoa influenciadora. Dessa maneira, as pessoas vão passar a fazer o que você está dizendo para elas fazerem, consumir o que está dizendo para elas consumirem etc. É fundamental ter responsabilidade.

Primeiro, você pensa no conteúdo que está postando. Depois disso, adquire a confiança necessária para falar sobre o tema. E, então, você se torna uma autoridade no assunto. Quando atingiu o patamar da autoridade, vêm naturalmente a visibilidade e a influência. Esse é o caminho a ser percorrido. Portanto, não se preocupe com a insegurança do início do processo. Até se transformar em uma autoridade, existe uma trajetória que deve ser seguida e respeitada.

Se você tem um negócio e quer construir uma presença on-line, precisa fazer com que as pessoas falem de você. Em outras palavras, você precisa estar visível – mas, claro, de modo estratégico, como já mencionei antes. Assim, a imagem produzida será positiva e sustentável. Mas como fazer isso? É o que vamos ver a seguir.

APROVEITE SUA IMAGEM

Suas próprias postagens e os conteúdos que costuma compartilhar em suas redes refletem na imagem de sua marca. Mas de que maneira? Esse é o tipo de reflexão necessária para que se entenda como deve ser a postura de determinada marca nas redes sociais e mídias digitais.

Como as pessoas que interagem com você virtualmente estão percebendo sua imagem? Como seu negócio está repercutindo on-line? Como seu público recebe seus conteúdos? E a pergunta principal: como você deseja que tudo isso aconteça?

Quando você entende esses pontos, podemos dizer que deu um grande passo rumo ao estabelecimento de uma imagem positiva de sua marca no ambiente virtual. E é isso que vai guiar sua estratégia no digital.

Aqui, cabe fazer um reforço. Se você ligar sua câmera para falar de seu produto ou serviço de maneira espontânea, isso não significa que não esteja adotando uma estratégia. O único pecado é deixar de criar, principalmente pelos medos que foram anteriormente elencados.

PLANEJAMENTO E CONSTÂNCIA

Outro ponto importante é o da constância. É preciso delinear um planejamento de postagens constantes. Isso significa que não pode haver buracos no calendário de conteúdos postados. De nada adianta fazer várias postagens em um dia e ficar uma semana sem novos conteúdos.

Eu sei que isso pode exigir bastante criatividade por parte do criador de conteúdos, mas é exatamente aqui que um bom planejamento passa a fazer sentido. Quando eu disse que postagens espontâneas não significavam ausência de estratégia, era exatamente disso que estava falando.

Desenvolver a criatividade é um processo contínuo que envolve explorar novas perspectivas, desafiar o *status quo* e cultivar uma mentalidade aberta à experimentação. O período ocioso pode ser uma ferramenta útil nesse processo, pois permite que você reflita sobre suas experiências, pensamentos e sentimentos. Essa reflexão pode levar a insights valiosos. No período ocioso, permita-se pausas ativas. Aqui estão algumas maneiras de desenvolver a criatividade e entender como o tempo ocioso pode ser benéfico:

- Esteja aberto a novas ideias, perspectivas e experiências. Cultive uma curiosidade para explorar territórios não familiares. A criatividade muitas vezes começa com a observação atenta do mundo ao seu redor. Dedique tempo para simplesmente observar e absorver detalhes.
- A leitura também amplia o horizonte da mente e alimenta a imaginação. Exponha-se a uma variedade de gêneros e autores para enriquecer sua visão de mundo. A arte, em suas diversas formas, é uma fonte infinita de inspiração. Visite galerias, assista a filmes, ouça música diversificada e experimente criar você mesmo.
- Anote pensamentos, ideias, sonhos e observações. Isso não apenas ajuda os insights do registrador, mas também estimula a reflexão e a conexão de ideias.
- Caminhe, faça exercícios leves ou envolva-se em atividades que relaxem a mente, criando espaço para pensamentos criativos. Reserve momentos para não fazer nada. Permita-se ficar sem uma agenda definida e observar o que sua mente cria quando não está sob pressão.

O tédio, quando encarado de maneira construtiva, pode ser um acontecimento para a criatividade. É durante esses momentos que a mente busca estímulos alternativos. Desconectar-se da tecnologia por um tempo pode liberar a mente para pensamentos mais profundos e criativos. Lembre-se, a criatividade é um processo pessoal, e cada indivíduo encontra suas próprias estratégias. O período ocioso oferece um terreno fértil para a mente explorar, conectar-se e criar, tornando-o um aliado valioso no desenvolvimento da criatividade.

> "**DESENVOLVER A CRIATIVIDADE É UM PROCESSO CONTÍNUO QUE ENVOLVE EXPLORAR NOVAS PERSPECTIVAS, DESAFIAR O *STATUS QUO* E CULTIVAR UMA MENTALIDADE ABERTA À EXPERIMENTAÇÃO.**"

@moisesramos.me

Uma roupa diferente, um cenário diferente e coisas do tipo são ações simples que fazem a diferença. Pequenos detalhes podem enriquecer e diversificar suas postagens a ponto de lhe darem uma ampla gama de conteúdo.

Agradar ao público é um desafio diário, mas, com um bom planejamento estratégico, você tira de letra!

DIVERSIFICANDO OS CONTEÚDOS

Além do conteúdo diversificado em si, uma maneira de distribuir material pelas redes sociais é utilizar os diversos recursos que a rede coloca à disposição. Lives, vídeos gravados, carrosséis com um texto curto distribuído em várias imagens, caixinhas de perguntas, vídeos nos stories.

TESTAR O GOSTO DO PÚBLICO TAMBÉM É UMA ATIVIDADE IMPORTANTE. QUAIS TIPOS DE CONTEÚDO GERAM MAIS ENGAJAMENTO? SEU PÚBLICO SE IDENTIFICA COM QUAL TIPO DE POSTAGEM? NESSE SENTIDO, TENTATIVA E ERRO É O MÉTODO MAIS ACONSELHÁVEL E, SEM DÚVIDA, COM MAIS FRUTOS CONCRETOS.

Encontrar o melhor horário para fazer postagens no Instagram envolve descobrir quando sua audiência está mais ativa. Se você possui uma conta comercial no Instagram, utilize as estatísticas fornecidas pela plataforma. O Instagram Insights oferece informações sobre quando seus seguidores estão on-line. Analise os dados para identificar os horários de pico.

Entenda o perfil demográfico de sua audiência. Se o seu público-alvo estiver em horários diferentes, adapte seus horários de postagem para atender a essas variações. Realize experimentos postando em diferentes horários e dias da semana. Observe as estatísticas de engajamento para determinar quais contribuições têm melhor desempenho.

O tipo de conteúdo que você compartilha pode influenciar os melhores horários de postagem. Por exemplo, postagens relacionadas ao café da manhã podem ter mais engajamento pela manhã. Certos dias da semana podem ser mais propícios para correspondências, dependendo do seu público. Algumas audiências são mais ativas durante a semana, enquanto outras podem estar mais presentes nos finais de semana.

Se sua audiência está distribuída por diferentes horários, leve isso em consideração. Você pode segmentar mensagens para diferentes segmentos do seu público. Interaja com seus seguidores por meio de perguntas nos stories ou mensagens, e observe quando eles responderam com mais frequência. Isso pode fornecer insights específicos sobre os horários de maior atividade.

Existem ferramentas de terceiros, como o Later, o Buffer ou o Hootsuite, que podem analisar os padrões de engajamento e sugerir os melhores horários para postar com base nas atividades passadas da sua audiência.

Lembre-se de que as preferências e comportamentos do público podem mudar ao longo do tempo, então é uma boa prática continuar monitorando e ajustando sua estratégia com base nas análises de engajamento. Experimentação e adaptação são fundamentais para encontrar o timing perfeito para suas postagens.

Caso você tenha dificuldade em identificar as informações de sua audiência, sugiro que procure um profissional de marketing digital que faça isso por você. Essa é uma das partes fundamentais no processo de posicionamento, no que diz respeito às redes sociais. Vale a pena investir!

SEJA RELEVANTE PARA O SEU PÚBLICO

O tópico anterior nos conduz diretamente ao tema da relevância. Como venho frisando desde o início deste capítulo, planejamento estratégico é fundamental para que se atinja um grau de relevância que permita você se tornar uma autoridade e, consequentemente, um influenciador em seu nicho de atuação.

SER RELEVANTE SIGNIFICA FORNECER CONTEÚDO QUE IMPACTE POSITIVAMENTE A VIDA DAS PESSOAS QUE O SEGUEM NAS REDES SOCIAIS. SUAS POSTAGENS FAZEM FALTA ÀS PESSOAS QUE AS CONSOMEM? COMO VOCÊ AS AJUDA? QUAL SEU IMPACTO NA VIDA DELAS?

As pessoas não estão atrás de preço, por mais que isso faça diferença em algum momento do processo. O primeiro passo é saber como você pode impactar a vida delas. Feito isto, o preço passa a ser algo colocado em uma perspectiva com menor grau de relevância.

A IMPORTÂNCIA DO NETWORKING

Um elemento vital para a manutenção de uma boa imagem on-line é o networking, isto é, a sua rede de contatos. Parcerias, convidados para lives, cocriação, permuta e atividades similares fazem parte de um bom networking on-line.

Se você é influenciador digital e seu principal serviço é divulgar produtos no Instagram, ter uma boa lista de empresas parceiras é fundamental para que seu conteúdo esteja sempre revigorado, prezando pela constância da qual falei há pouco. E se você vende um produto ou serviço, esse tipo de parceria com outros influenciadores também é fundamental, já que ninguém cresce sozinho. Em algum momento, você precisa de alguém que também está precisando de você. Essa é uma via de mão dupla.

A PERFORMANCE DIRECIONA A ESTRATÉGIA

Os perfis comerciais oferecem várias ferramentas de controle e análise de dados que o perfil pessoal não disponibiliza. Usando o perfil profissional, você poderá acompanhar o engajamento do seu público, as métricas, o alcance do seu conteúdo – enfim, contatar a efetividade do seu perfil. Caso você ainda esteja utilizando seu perfil pessoal como forma de trabalho, vá em configurações e passe para o comercial.

Esses relatórios fornecidos pela plataforma serão um norte para você saber o seu desempenho na rede social. Essa possibilidade, aliás, é uma das principais revoluções que a internet trouxe para o marketing. Antigamente, ao inserir um anúncio em rádio ou televisão, você tinha, no máximo, uma perspectiva aproximada de quantas pessoas assistiram à sua propaganda. Com um perfil comercial no Instagram, você tem acesso a informações precisas, que o ajudarão a corrigir e aprimorar seus anúncios e conteúdos, tornando-os mais efetivos, direcionados a quem realmente está interessado no que você tem a dizer.

Nosso próximo destino nos levará aos desafios intrínsecos à busca pela exponencialidade. À medida que alcançamos novos horizontes, enfrentamos obstáculos complexos e decisões cruciais. Em um mundo que se move rapidamente, a capacidade de superar esses desafios moldará nosso caminho. Prepare-se para explorar os terrenos da resiliência, da tomada de decisões estratégicas e da criação de um impacto duradouro. Juntos, navegaremos pelas correntes da inovação, preparados para o desconhecido, e abraçaremos a oportunidade de sermos verdadeiramente exponenciais.

CAPÍTULO 11

SEJA EXPONENCIAL

Estamos chegando ao final do livro. Você aprendeu maneiras de aprimorar sua marca, de compreender melhor a comunicação com seus clientes, de como fazer com que seu produto ou serviço desperte a atenção das pessoas e muito mais. E, se estiver colocando tudo isso (ou parte disso) em prática, tenho certeza de que já está experimentando as primeiras mudanças na sua vida e nos seus negócios.

Neste momento, quero deixar claro todos os benefícios que você vai alcançar com essa transformação. Desse modo, você se sentirá motivado a alcançar resultados exponenciais e continuar impactando a vida do seu público-alvo ao gerar uma relação de valor e propósito pautada nas emoções, e não no preço.

COMPETITIVIDADE

A concorrência on-line é intensa, e ter um posicionamento digital forte ajuda a destacar sua marca e a competir com sucesso no mercado. Ao ser um concorrente forte, você tem maior probabilidade de atrair mais clientes e expandir seus negócios, e sua marca estará mais visível para um público global, aumentando o reconhecimento e a exposição. Você poderá desenvolver estratégias eficazes para criar fidelidade à marca, incentivando os clientes a retornar e a recomendar sua empresa a outros.

Com um maior alcance e atração de clientes, suas receitas tendem a aumentar, pois você terá maior destaque no mercado, superando os concorrentes mais fracos. Ao competir no mercado digital, você é incentivado a inovar e melhorar constantemente para se manter à frente.

CONCORRENTES FORTES ATRAEM CONEXÕES E PARCERIAS COM INFLUENCIADORES OU OUTRAS MARCAS DE DESTAQUE E TÊM MAIS CONTROLE SOBRE A NARRATIVA DA MARCA E NA MANEIRA COMO ELA É PERCEBIDA NO MERCADO.

O marketing digital gera dados detalhados que podem ser usados para tomar decisões informadas. Com uma estratégia de marketing eficaz, você pode construir uma marca forte e reconhecível. Ao competir no mercado digital, você está em constante aprendizado e aprimoramento, adquirindo novas habilidades e conhecimentos, o que lhe deixará mais preparado para se adaptar a novas tendências e tecnologias emergentes no ambiente digital. Além disso, você pode estabelecer-se como uma autoridade em seu setor, o que traz credibilidade e reconhecimento.

Em resumo, ser uma forte concorrente no mercado digital pode levar a maior sucesso, crescimento e reconhecimento da marca, bem como oferecer a oportunidade de se manter à frente no cenário digital em constante evolução.

CONEXÃO COM O PÚBLICO

Por meio das mídias sociais e de outras plataformas on-line, você pode se conectar diretamente com seu público-alvo, construindo relacionamentos mais fortes e duradouros. Uma conexão constante ajuda a criar lealdade à marca. Clientes que se sentem conectados estão mais propensos a comprar de você novamente.

A comunicação com os clientes gera um feedback valioso que pode ser usado para aprimorar produtos, serviços e processos. Clientes satisfeitos e engajados tendem a lembrar-se e falar positivamente da sua marca, o que contribui para o reconhecimento da marca.

Conhecendo seus clientes, você pode personalizar ofertas e comunicações, tornando a experiência do cliente mais relevante. A conexão ajuda a construir confiança. Quando os clientes se sentem ouvidos e valorizados, confiam mais na sua empresa. Clientes satisfeitos são mais propensos a recomendar sua empresa a outras pessoas, gerando novos negócios.

A comunicação direta permite resolver problemas de maneira eficiente, melhorando a satisfação do cliente e estabelecendo engajamento contínuo, manter os clientes envolvidos por meio de conteúdo relevante e interações ajuda a mantê-los interessados na sua marca.

A conexão com clientes fornece informações valiosas sobre as tendências e necessidades do mercado, e isso aumentará a probabilidade de eles permanecerem leais à sua marca por mais tempo. A interação com os clientes vai inspirar inovação e novos produtos ou serviços.

Conexões fortes podem ajudar a estabelecer sua empresa como uma líder de pensamento em seu setor. E manter clientes existentes é frequentemente mais econômico do que atrair novos, o que pode resultar em economia de custos a longo prazo.

SEGMENTAÇÃO PRECISA

O posicionamento digital permite que você atinja grupos de consumidores altamente segmentados, garantindo que sua mensagem seja direcionada para as pessoas certas, aumentando a probabilidade de engajamento.

Ao direcionar suas campanhas para grupos específicos, você evita o desperdício de recursos em públicos que não têm interesse em seu produto ou serviço. Afinal, públicos segmentados têm maior probabilidade de se converter em clientes, pois estão mais alinhados com o que você oferece.

A segmentação eficaz geralmente resulta em um ROI (retorno sobre o investimento) mais alto, pois você está direcionando seus esforços para as pessoas certas, o que permite personalizar mensagens e ofertas com base nas preferências e comportamentos do público, tornando a experiência do cliente mais gratificante.

Os clientes de segmentos específicos podem fornecer feedback mais detalhado e valioso, ajudando a aprimorar seus produtos ou serviços, o que ajuda a construir uma imagem de marca mais forte, uma vez que suas mensagens ressoam com maior eficácia.

Você pode competir de maneira mais eficaz no mercado ao se concentrar em nichos e atender às necessidades específicas desses segmentos. À medida que você compreende melhor seu público, pode identificar oportunidades para expandir para novos nichos ou segmentos.

Clientes que se sentem compreendidos e atendidos são mais propensos a permanecer fiéis à sua marca. E isso vai gerar dados mais ricos e detalhados, que podem ser usados para análises aprofundadas e tomada de decisões informadas que permitirão um alinhamento estratégico para atender as necessidades específicas de cada segmento. E você poderá ajustar suas estratégias de segmentação conforme necessário à medida que o mercado evolui.

MENSURABILIDADE E OTIMIZAÇÃO

No mercado digital, você pode medir o desempenho de suas campanhas e fazer ajustes em tempo real, garantindo que seu investimento seja eficaz. A mensurabilidade e a otimização no mercado digital oferecem inúmeros benefícios para as empresas como tomada de decisão informada, em que a capacidade de medir o desempenho de campanhas e atividades on-line fornece dados que permitem tomar decisões baseadas em evidências, em vez de suposições. Isso promove um aprendizado contínuo e a adaptação às mudanças no mercado e no comportamento do consumidor.

Você pode calcular o retorno sobre o investimento (ROI) com precisão, o que é fundamental para determinar a eficácia de suas estratégias de marketing digital, permitindo alocar recursos de modo mais eficiente, eliminando estratégias ou táticas que não geram resultados.

Ao otimizar campanhas com base em dados, é mais provável que você aumente as taxas de conversão, transformando visitantes em clientes, o que ajuda a identificar ineficiências, reduzindo custos desnecessários em campanhas que não estão funcionando.

Ao melhorar a eficácia das campanhas, seus clientes receberão ofertas mais relevantes e personalizadas, permitindo que você rastreie e entenda o comportamento do seu público, o que, por sua vez, permite um direcionamento mais preciso em campanhas futuras.

A capacidade de fazer ajustes rápidos com base em dados em tempo real permite reagir a mudanças nas tendências e nas necessidades do mercado, isso pode até mesmo revelar oportunidades de mercado e nichos que podem ser explorados para crescimento. A análise de dados também pode identificar áreas em que a criatividade e novas abordagens são necessárias.

A CAPACIDADE DE MEDIR E COMUNICAR O DESEMPENHO DE SUAS ESTRATÉGIAS CONTRIBUI PARA A TRANSPARÊNCIA COM PARTES INTERESSADAS INTERNAS E EXTERNAS, O QUE MELHORA O DESEMPENHO, A EFICÁCIA E A EFICIÊNCIA DAS ESTRATÉGIAS DE MARKETING.

CLIENTES QUE SE SENTEM COMPREENDIDOS E ATENDIDOS SÃO MAIS PROPENSOS A PERMANECER FIÉIS À SUA MARCA.

BAIXO CUSTO EM COMPARAÇÃO COM MÍDIAS TRADICIONAIS

As mídias digitais muitas vezes são mais econômicas do que anúncios em mídia tradicional, como TV ou impressos, o que permite que empresas com orçamentos limitados anunciem. Com o mesmo investimento, as mídias digitais geralmente alcançam um público mais amplo do que a publicidade tradicional.

As mídias digitais permitem que você segmente o público com precisão, direcionando anúncios apenas para aqueles que têm maior probabilidade de se interessar pelo seu produto ou serviço, o que maximiza o retorno sobre o investimento. Elas também oferecem a oportunidade de interagir diretamente com os clientes por meio de mídias sociais, e-mail marketing e outros canais, o que gera maior engajamento e relacionamentos mais fortes e é valioso para ajustar produtos ou serviços.

O ambiente digital está em constante evolução, oferecendo oportunidades para experimentar novas estratégias e formatos de anúncios. As mídias digitais têm alcance global, permitindo que sua empresa atinja mercados internacionais de maneira mais acessível.

CONSTRUÇÃO DE MARCA

Um posicionamento digital eficaz permite que você construa e promova a imagem da sua marca de maneira consistente e autêntica, proporcionando um alcance mais global, sem limites geográficos.

O posicionamento digital dá a você e sua marca visibilidade 24/7, isto é, estar disponível 24 horas por dia, 7 dias por semana, o que significa que os consumidores podem interagir com você a qualquer momento. E a exposição contínua e a construção de relacionamentos on-line aumentam o reconhecimento da marca.

Sua marca poderá construir uma reputação sólida e positiva on-line por meio de feedback positivo, revisões e uma presença constante.

ALCANCE A QUALQUER MOMENTO E EM QUALQUER LUGAR

Ter uma marca acessível 24 horas por dia no mercado digital oferece diversas vantagens para as empresas, pois sua marca está sempre disponível, permitindo que os clientes acessem informações, produtos ou serviços a qualquer momento, incluindo feriados e fora do horário comercial.

Os clientes podem fazer compras, pesquisar informações ou entrar em contato com sua empresa quando for mais conveniente para eles, o que melhora a experiência e gera aumento nas vendas.

Ter uma presença on-line 24/7 pode reduzir a necessidade de manter operações físicas ou equipes de atendimento ao cliente em tempo integral, reduzindo os custos operacionais.

INOVAÇÃO E ADAPTAÇÃO

O ambiente digital está sempre evoluindo, o que exige inovação contínua. Investir no posicionamento digital significa que você está pronto para se adaptar às mudanças e tendências do mercado.

A inovação permite que você se destaque da concorrência, ganhando vantagem competitiva no mercado digital, adaptando-se às mudanças no mercado e nas preferências do cliente, mantendo sua marca relevante ao longo do tempo.

A inovação pode abrir novas oportunidades de mercado e nichos, permitindo a expansão dos negócios, e muitas vezes leva a processos mais eficientes e econômicos.

Além disso, empresas inovadoras são mais atraentes para profissionais talentosos, o que contribui para o crescimento e o sucesso, pois ela incentiva que produtos e serviços sejam aprimorados, atendendo melhor às necessidades dos clientes.

A inovação pode ajudar a mitigar riscos ao diversificar as estratégias e explorar novas oportunidades e tornar as empresas mais ágeis e capazes de responder rapidamente a mudanças inesperadas no mercado.

SEM MEDO DE SER FELIZ

Quantos benefícios o marketing digital traz para todos os envolvidos, não? E o melhor de tudo é que você é parte disso agora. Por meio de seus produtos/serviços, você está tanto gerando valor para o outro (para o seu público-alvo), quanto para si mesmo, não apenas pela questão financeira, mas por ser capaz de abraçar o seu propósito, cuidando da dor do seu cliente. Uma responsabilidade e tanto, hein?

Talvez essa jornada o tenha assustado um pouco, afinal, são muitas mudanças, muitas informações novas e importantes a serem assimiladas. Mas, como eu disse, estamos juntos nessa. E eu acredito em você. Você deveria fazer o mesmo.

 **NÃO TENHA MEDO DE IR FUNDO NA TRANSFORMAÇÃO DO SEU NEGÓCIO. NÃO TENHA RECEIO DE BUSCAR O SEU BEM-ESTAR, OS SEUS SONHOS. NÃO FIQUE PARALISADO DIANTE DA POSSIBILIDADE DE SER FELIZ.**

Há dois tipos de medo: o fisiológico e o emocional. O primeiro é aquele que sentimos em situações de perigo real, como quando estamos em um lugar bastante alto, quente ou fechado. Já o segundo, é aquele medo gerado quando não acreditamos em nós mesmos, quando construímos um muro em torno de nossa autoconfiança, blindando nossa capacidade de acessá-la.

Não se importe se algumas pessoas começarem a caçoar de você por expor seu rosto e suas ideias nas redes sociais com o intuito de aprimorar seu processo de vendas. Hoje, elas falam de você; amanhã, vão querer ser você! Isso pode parecer um clichê motivacional, mas é uma grande verdade.

PARE DE VIVER NOS BASTIDORES, ASSUMA O PROTAGONISMO NOS SEUS NEGÓCIOS E O SEU LUGAR NAS REDES DIGITAIS. VEJA UMA TRANSFORMAÇÃO INCRÍVEL ACONTECER EM SUA VIDA PROFISSIONAL E NA VIDA DOS SEUS CLIENTES!

> **INVESTIR NO POSICIONAMENTO DIGITAL SIGNIFICA QUE VOCÊ ESTÁ PRONTO PARA SE ADAPTAR ÀS MUDANÇAS E TENDÊNCIAS DO MERCADO.**

@moisesramos.me

APOIADORES

ÂNCORA X

Clínica Fares
completa e acessível

CO•NECTA
LEAD

ELISÂNGELA OLIVEIRA
CONCEITO EM BELEZA

Fácil®
seguros

gap
DIGITAL

GDexplosion

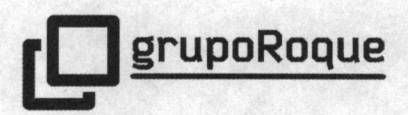

grupoRoque

MR3
GESTÃO DE MARKETING E CONSULTORIA

STANLEYS **PAY**

Este livro foi impresso pela Gráfica Bartira em papel pólen bold 70g/m^2
em fevereiro de 2024.